伝説のトップCAが明かす

一流になれる人の小さな習慣

里岡美津奈

PHP文庫

○本表紙図柄＝ロゼッタ・ストーン（大英博物館蔵）
○本表紙デザイン＋紋章＝上田晃郷

世界の一流は小さな習慣を大切にしている

この本を手にとっていただき、ありがとうございます。

里岡美津奈と申します。私はＡＮＡ（全日本空輸株式会社）で約二十四年間にわたって客室乗務員（キャビン・アテンダント）（ＣＡ）を務めてきました。

そのうちの十五年間は、天皇皇后両陛下（現上皇、上皇后）や皇室の方々、首相、国賓の方々の特別機に乗務させていただく光栄に浴しておりました。

もちろん、通常はお目にかかれないような方々のお供だけではなく、普段は定期便でお客さまの接遇をさせていただきました。また、チーフパーサーとして機内の安全確保とよりよい接遇のためのトータルマネージメントにも全力を注いでまいりました。

ＡＮＡが外部の企業や機関、学校にマナー講師を派遣することになったとき、その講師の一員に選出され、講話をいたしました。

こうしたCA時代の経験をもとに、現在は「パーソナルクオリティーコンサルタント」として、講演やセミナー、コンサルティング活動をしています。パーソナルクオリティーとはあまり耳慣れない言葉でしょうが、現代を賢く生き抜いていくために個人や組織の「質」をどのように向上させていけばよいのかということを提案させていただき、ブランディングに役立てていただくお手伝いをしています。

個人も組織も、意識をちょっと切り替えるだけで見違えるほどクオリティーが上がります。**肝心のキーポイントに気づけるかどうか、気づいたことを実践できるかどうか、その差はほんのちょっとしたことなのですが、それができるかどうかで大違いなのです。**

さて、この本のタイトルは『一流になれる人の小さな習慣』です。

一流の方々が大切にしている小さな習慣とは何か、また、「一流を目指す生き方」とはどのようなものかを、経験をもとにまとめ、ご紹介しております。

一流とは何でしょうか。

おそらく人それぞれにいろいろなイメージを持っていると思います。

ひとつはっきり言えるのは、**どんなに高いステータスに昇り詰めたからといって、ビジネスで成功して財を成したからといって、その人が一流であるとはけっして言えないということです。**

ファーストクラスでお目にかかった方々が皆さん一流だったかというと、残念ながら、そうとは言えません。**ご本人がそのことにお気づきかどうかはわかりませんが、日々多くの方々を接遇している私たちの目には、その方の「本質」が透けて見えてきてしまうのです。**

もちろん、文句なしに一流の方々もたくさんいらっしゃいました。「なんて素晴らしい方なのかしら。こういう方だから、人がついてくるのね」「私もこの方のようなエッセンスを少しでもいいから身につけたいものだわ」などと思うことはよくありました。

一流の方のオーラを感じ、刺激を受け、感じたこと、学んだことはたくさんあります。

本書ではそういったことをご紹介しつつ、「一流とは何か」ということをひもといていけたらと考えています。

一流になれる人の
小さな習慣

Contents

世界の一流は小さな習慣を大切にしている

Part

I

一流の人の共通点

Part

II

一流になる人の小さな習慣

Part Ⅲ 一流の人の身だしなみ

Part Ⅳ 一流の人の気配り

Part
V
一流の人は、タフで陽気で楽しみ上手

執筆協力――阿部久美子

Part I

一流の人の共通点

How to Distinguish First-class Persons from Others

01

一流の人には、共通点がある

一流というのは、人が客観的に判断するものです。けっして自分から「われこそ一流である」と名乗りを上げるようなものではありません。

ところが、「自分は一流だ」などと澄ました顔で言う人がいます。たいてい鼻持ちならない自慢屋にすぎず、人からは少しも一流だとは見られていないものです。

一流とは、人から敬意を払われる存在、そういう資質を兼ね備えている人のことだと私は思っています。

私の記憶の中にある、一流の方々の共通点を整理してみました。

① 謙虚で腰が低い。

② 相手によって態度を変えない。誰に対しても穏やかで対等に接する。

③ 明るい。ユーモアや機知に富み、人を楽しませ、場を和ませることに長けている。

④ 臨機応変で、柔軟な姿勢。

⑤　人の話をよく聞き、自分の主張を押しつけない。
⑥　立ち居振る舞いが美しい。マナー、エチケットを熟知している。
⑦　イキイキと働き、仕事を楽しんでいる。
⑧　自分のスタイルを持っている。
⑨　人望がある。
⑩　趣味や遊びも本気モードで楽しむ。
⑪　学びの姿勢を持っている。

いかがでしょうか。

周りに、これらの要素をパーフェクトに兼ね備えている方、いませんか。その方は、一流と呼ぶにふさわしい方なのではないでしょうか。

02

一流になれない人にも、共通点がある

一流の人の共通点を先に十一項目挙げましたが、これをそれぞれ逆に考えてみると、一流になれない人の様相も具体的になります。

①　自分の地位や立場を笠に着て、いばる。
②　相手を見て、自分より立場が低いと思うと居丈高(いたけだか)な態度に出て、自分より立場が上だと思うと相手におもねる。
③　機嫌の波が激しい。つねに自分中心で、場への配慮がない。
④　頭が固い。物事を単一的に処理しようとする。
⑤　人の話を聞かない。自分の話ばかりする。
⑥　基本的なマナーやエチケットを無視し、傍若無人(ぼうじゃくぶじん)で品がない。
⑦　仕事は金を稼ぐ手段だと思っている。
⑧　ものの価値を金銭的に判断する。派手で目立つものが好き。
⑨　人望がないが、そのことに気づいていない。
⑩　趣味や遊びではめを外す（逆に趣味を持っていない）。

⑪　何かを学ぼうという意欲に乏しい。

これらすべてが当てはまったら、筋金入りの嫌な人間です。それぞれを見ても感心しないことばかり。

こうならないように、注意していきたいものです。

03

人間ができた人は、
仕事もできる。
これは
セットのようなもの

「できる」人と「できた」人、この違いがわかりますか。

仕事が「できる」人と、人間が「できた」人です。

「できる」人でなければ、一流にはなれないと思います。けれども、仕事が「できる」だけでは、やはり一流にはなれない。人間が「できた」人にならなくてはいけないのです。

とにかく上昇志向が強くて、出世したい、トップに立ちたい、成功したいと考えている人は、ものすごく「一流」という言葉にこだわります。

しかしさまざまな場所やシチュエーションで見ていると、そのガツガツした心の余裕のなさが、「ああ、一流の器（うつわ）じゃないなあ」と周りに映ってしまいます。他の人のことが考えられない、自分を立ててほしくて仕方がない。「一流と呼ばれるにはまだまだ修行が足りないですよ」と言いたくなります。

仕事はできるかもしれませんが、人間ができていないのです。

では、人間ができているけれど、仕事のほうでの活躍はいまいち、という人はいるのでしょうか。

おそらく、いません。なぜなら、**人間ができた人は、仕事を通じて自分が社会にいかに貢献できるか、社会のために何ができるか、ということを考えています。**その貢献が、必ずしも収入には結びつかないというケースもありますが、収入の多寡や社会的な地位はさておき、さまざまな分野で精力的に活躍しておられます。つまり、人間ができている人は、仕事もできる。これはセットのようなものなのです。

一見なかなかできた人物のように見えて仕事への情熱がないという人がいるとしたら、その人は、いい人そうに見えるだけの怠け者、ということです。

結局、「できる」人かつ「できた」人が、一流になれるのです。

04

二流の人は、「何でもいい」と答える

「一緒に食事をしましょう」ということになって「何がいい？」と聞かれたとき、「何でもいいです」と言う人がいますが、これは絶対に言ってはダメです。

自分は何でもウェルカムですよ、というつもりでも、そうは受けとめてもらえません。意志薄弱な、はっきりしない人だと思われます。**「何でもいい」は、二流、三流で終わる人の口にしがちなセリフです。**

「何でもいい」と答えられて、気持ちが上がる人はいません。誘う側にとって、「何でもいい」ほどつまらない答えはないのです。相手に喜んでもらいたいから意向を聞いているのですから、なんらかのヒントになる言葉、前向きな言葉が欲しいのです。

もちろん、やたら高級な店の名を口にするようなことは慎むべきですが、誘った相手の好意を自然に受けとめ、そこにさりげなく意思がうかがえるような答え方をすることが望ましいのです。

たとえば、「おいしい蕎麦を食べたいんですが、いい店をご存じでしたら連れて行ってください」とか、「大勢で食べるなら、中華などは楽しくていいですね」というように、状況に配慮した中で意思表示をすると、より気持ちよく話を進められます。

一流になれる人は、自分の要望をゴリ押しせずに、自分の意思を上手に伝えることのできる人だと思います。

そうなるには、どんなことにも自分の意思をはっきり持つことが大事です。日常の些細(ささい)なことも、なんとなくそうするのではなくて、自分はこうしたいという意思決定をする。それが、物事を迅速に決断できるようになるトレーニングになります。

それこそ、朝、起きたら、今日の朝食は何を食べたいのか、洋食にしたいのか和食にしたいのか、今日のネクタイはどれにするのか、通勤の電車の中でどう時間を使うのか、「今日の自分は何を選択したいのか」と自分に問うのです。ちょっとしたことの一つひとつにも自分の意思を持つ。

これを三カ月心がけて生活していたら、いままでよりずいぶん決断できる人になるはずです。

適切な決断力というのも、日々の積み重ねでついていくものです。

日常生活の諸々の場面で自分の意思をすぐに示せない人は、ビジネスでもスパッと物事を決められない、大事な決断が速やかにできないと私は見ています。

自分が感覚的にしたいこと、したくないことをはっきりさせる。そうすると、自分の感覚、思考力が研ぎ澄まされてきて、物事の一つひとつに対して自分の意思をすぐに示せるようになっていきます。

その連続のうえに、自分の価値観というものができ上がっていくのです。それによって、大きなビジネスのチャンスが来たときにも、挑戦するべきか、スルーするべきか、おのずと的確な判断を下せるようになるのです。

物事を測る自分のモノサシを持つ。

人の意見に流されてばかりで自分の意思のない人が、リーダーを任されてトップに立つようになることはあり得ません。

まずは「何でもいいです」をNGワードにして、自分の意思をうやむやにすることをやめてみましょう。

05

仕事以外にも、感性のアンテナを張り巡らせる

手塚治虫さんは、トキワ荘に住んで漫画家になりたいと思っていた後輩たちに、「一流の映画を観ろ、一流の音楽を聴け、一流の本を読め。それで自分の世界をつくっていけ」と言ったそうです。

漫画家になりたいからといって、ただ漫画の勉強をすればいいと思っていてはいけない、いろいろな見聞を広めることで自分の世界ができるんだ、ということです。

トップビジネスパーソンで忙しい方ほど、仕事だけにどっぷり浸かった生活ではなく、自分の感性のアンテナを縦横無尽に張り巡らせ、さまざまなことに興味を持って楽しんでいます。

クラシック音楽だったり、オペラだったり、はたまたロックだったり、ポップスだったり、絵画や陶磁器、落語などなど。日本のもの、海外のものを問わず、仕事以外のことにも博識で、趣味が多彩です。そのことに精通していて、本が一冊らくらく書けてしまうような方もいます。

一流になれない人は、「オペラ？　いや、私はちょっと……」と尻込みしてしまいます。知らないからよけいに敷居が高い気がして、触れてみようともしない人が非常に多い気がします。食わず嫌いと一緒です。

何事も最初は敷居が高いと感じるものです。その世界に入るドアを自分で閉ざしてしまうのではなく、知らないことを知るのは面白いこと、楽しいことなんだという意識で飛び込んでみるべきです。

二十代のときに、京都でお茶屋さん遊びをさせてもらったことがあります。「一見(いちげん)さんお断り」の世界、それも若い女性にはあまり縁のない場所なので、ワクワクして行きました。

芸妓さんや舞妓さんを間近で見ていっそう興味を持ち、普段はどういう生活をしているんだろう、どういうお稽古をするんだろう、といったことを調べるようになったりもしました。売れっ子の芸妓さんとお友だちになって、いろいろなことを教えてもらえるようにもなりました。

たとえば着物の着こなし。江戸と京都とでは趣味がまったく違います。江戸は「粋(いき)」を求め、京都は「はんなり」したものを求める。着物の選び方だけでもこんなに違うんだな、と感じました。

また、彼女たちは昔の歳時記に合わせた着物を着ます。季節の移り変わりを生活にきちんと反映させているのです。私たちは普通に生活しているとどうしても季節感が希薄になってしまいがちですが、そういうところにもはっと目を見開かされるものがありました。

舞妓さんたちは名刺代わりに自分の名前の花名刺（舞妓名刺）を配ります。あるときファーストクラスに乗っていらしたお客さまの手帳に、その花名刺が貼ってあったことがありました。私が「それ、祇園甲部の方ですね」と申しましたところ、「ああ、知ってるの？」と意外そうな顔をされました。

「知っているというほどではございませんが、お顔とお名前は存じております。きれいな方ですよね」と答えますと、ひとしきり芸妓さんたちやお茶屋さんのお話をすることができました。

それも、私自身が興味を持っていろいろ知ろうとしていなかったら、お話しする機会も生まれなかったわけです。

幅広くいろいろなアンテナを張り巡らせていると、自分の蓄積になるだけでなく、何かで人とつながりを持つきっかけにもなります。

06

人も自分も「気持ちよくする」言葉を口にする

「もっと感動しましょう」と私が言うと、「そうそう感動することなんかないですよ」と言う方がいらっしゃいます。

その反応自体が、すでに心の感度を鈍らせている証拠です。

なにも素晴らしい芸術作品を見たり、観光名所に行かなければ感動が味わえないわけではありません。仕事の訪問先で出してもらった日本茶がおいしく感じられた、そんなことでも感動できるのです。

「わあ、このお茶おいしいですね」

「いえ、会社の備品のどうってことのない普通の日本茶なんですよ」

「でも、淹れ方でこんなにおいしくなるんですね、すごいなあ」

お茶を淹れてくれた人は悪い気はしないでしょう。ただし、お世辞はいけません。おいしいと思えないのに言うと、嫌味になります。「それ、給茶機のお茶なんですけど……」と言われて、かえってあなたの味覚が疑われてしまうかもしれません。

特別おいしいわけではなくても、「約束の時間に遅れそうで走ってきたものですから、喉が渇いていてすごく嬉しいですよ、ありがとうございます」と言えば、いいタイミングで出してもらったことへの感謝を伝えられます。

感動するというのは、自分の心がポジティブに揺り動かされて発する感情です。その心の動きを言葉にして伝えると、人間関係が深まります。

不平や不満、ネガティブな感情は、感動ではありません。

感動したことを口にする。感動を表現する言葉、ポジティブな言葉を口から出すことを意識してみましょう。いまより絶対、人間関係が円滑になるはずです。

悪いことというのは、思うのは勝手ですが、わざわざ相手に言わなくてもいいのです。ネガティブなことを口にしそうになったら、ぐっと飲み込んでください。

「わあ、すごい」「いいね」、これだけでもいいのです。これは恋愛にも活用できるワードだと思います。

とくに女性が男性に対して言ってあげるといいのが「わあ、すごい！」という言葉です。「すごい」というのは便利な言葉で、何がどう優れているとまでは言っていないわけですが、女性に「すごい」と言われて悪い気のする男性はまずいませんよね。

男性は褒めベタの人が多いですが、「いいね」と言うだけで女性は嬉しいものです。「今日の髪型、いいね！」、これだけで、ヘアスタイルを変えたことに気づいてくれた、それを評価してくれた、ということが嬉しいのです。

頻繁になにげなく言ってあげるだけで、相手は気持ちがいい。気分も上がります。

普段から意識して、ちょっと周りの人をいい気持ちにさせるポジティブワードを使うようにする。たとえば、「さすがですね」「なるほど、納得ですよ」「○○さんだけのことはありますね」などでもいいでしょう。**わざとらしくない表現を自分のボキャブラリーとしていろいろ増やして使っていると、その場その場にふさわしい気持ちのいい言葉が自然に出てくるようになります。そしてそのうち、人のよいところに自然に気づくようになってきます。**

最近の若い世代は、「すごい」と同じような意味で「やばい」という言葉をよく使います。これは同世代の親しい仲間や友だちとの間で使うのはかまいせんが、目上の人を褒めるときには使ってはいけません。本来、「まずい」とか「危険だ」という意味合いの言葉だからです。

一流の人は、相手を気持ちよくさせるポジティブな言葉を発するだけでなく、聞き方も上手です。企業のトップでありながら、こちらの話をとても興味深そうに聞いてくれるわけですね。**「へえ、それでどうだったの？」といい相槌を打ってくれると、嬉しくて話したくなる。**

向こうは、特別私の話を聞きたいわけではないはずです。何かちょっと面白いことでも出てきたらいいなとは思ってくれているかもしれませんが、きちんと相手の話を聞くという姿勢で、もてなしてくれるのです。だから一緒にいて心地よいのです。

本当に一流の人は、そういう気配りができる。気配りができるから、人を束ねられる。人がついてくるのです。

仕事ができても、自信満々で意外とそういう心遣いができない人もいます。そういう人はまだ一流とは言えないと思います。あのスティーブ・ジョブズですら、若いころには傲慢さが反発を買って、自分の会社を追い出されてしまうような時期があったわけです。

阿川佐和子さんの『聞く力』（文春新書）という本が大ベストセラーになりましたが、**人の話を面白そうに聞くというのは、一流か二流かを見分けるポイントのひとつです。**

07

継続こそ、一流への道

誰を一流と思うかという質問があったとしたら、メジャーリーグで活躍していたイチロー選手の名前を挙げる人が多いと思います。日米通算四千三百六十七本安打の達成は、誰もが文句なく賞賛するところです。

もちろんこの記録自体このうえなく素晴らしいものですが、そういう大記録を達成する、しないという以前に、一日たりとも自分のルーティンワークを欠かすことなく続け、日々淡々と自己管理を続けてきた努力そのものが、すでに偉業だと思います。

今日はやりたくないというようなことが、イチロー選手にだって当然あるでしょう。でも、そういう気持ちに負けることなくやり続けられる、そのことがもう素晴らしい。彼は世界が認める一流の人ではないでしょうか。

「小さいことを積み重ねることが、とんでもないところに行くただひとつの道」

イチロー選手の過去の名言ですが、彼はまさにそれを体現しているのです。

一瞬、すごい力を発揮するということは、プロとしてその道に邁進（まいしん）してきた人ならできることです。しかし、特定のときだけ力を出せる人を、人は一流とは呼びません。一流であるということは、継続的に、それができるかどうかにかかっていると思います。

後輩CAの中に、普段、無意識に扉をバーンと閉めてしまうような人がいました。私が「そんなふうに荒々しく扉を閉めたら、お客さまがびっくりするわよ」と言うと、「いいえ、お客さまの前ではやりませんから大丈夫です」と答えるのです。

そうでしょうか。それだったら、いまもできるでしょう、という話です。

無意識に振る舞っているときにできないということは、お客さまの前に出たときに、そつなくできるときもあるけれど、できないときもある、ということになります。私は、「できないときのあなたに出会ったお客さまは迷惑です。常日頃からきちんとやりなさい」と言っていました。

とっさのときには普段の姿が出ます。素が出る。つまり、普段やっていないことは、とっさのときにはできないと考えるべきなのです。

普段の生活でも、お客さまの前でも、緊急事態でも、いつでも同じようにできてこそプロというものです。そのためには、日頃から自分を律してきちんと振る舞おうとしていなければならないのです。お手本はイチロー選手です。普段やっていなければ、イチロー選手のような力は絶対に出ないものです。

真価が問われるときとは、けっして特別なときや予想されたときではなく、とっさのときなのだと認識しましょう。

08

どんなときでも、一定の質の仕事をする

なぜそのことを強調するかというと、私自身、**トップVIP担当に起用されたのは、まさにその部分、「つねに安定した質のサービスが提供できる」というところが評価されたからです。**

入社して九年目の春、皇室の方々や首相、国賓といったトップVIPの接遇をするための養成制度がスタートし、私はその第一期生に選ばれました。

もともと私は特別ずば抜けたものを持っている人間ではありません。私より英語が堪能な人も、複数の外国語を流暢（りゅうちょう）に使いこなす人も、きびきびはきはきして打てば響くような頭の回転の速い人も、スタイル抜群で愛想がよくて好感度の高い美人も、たくさんいました。トップVIP担当に選ばれた当初、なぜ自分だったのかが不思議で、上司に聞いてみたことがあります。

「里岡さん。あなたは、お客さまの前でお飲み物をこぼしてしまったりというミスが、ほとんどありませんね。それから、身だしなみがいつも整っている点も評価が高いです。そして、何か不測の事態が起きても動揺することがなく、落ち着いた態度で行動し続けることができます。このような点から選出されたようです」

と言われました。

私はけっしてミスのない人間ではありません。ただ、お客さまにご迷惑をおかけしてしまうようなミスを毎日の努力でなくすことは、強く意識していました。また、身だしなみを整えることについても自分なりの工夫を重ねていました。落ち着いているというのは、鷹揚で小さなことにあまり動じない性格に助けられていた部分が大きいですが、いずれにしても日々意識してコツコツと努力を重ねていた部分が、信頼に足ると評価してもらえたわけです。

トップＶＩＰ担当は常時五名ほどで、何度かメンバーが入れ替わりましたが、私は退職するまでの十五年間、トップＶＩＰの接遇をさせていただく機会を得、トータルで百回を超える特別フライトに乗務する経験をさせていただきました。

スーパーな能力や資質などなくてもいいのです。自分に与えられた役割をまっとうするために全力を尽くす。うまくできないことは習慣化して、板につくまでやる。

たまたま意識しているときにできるのではなく、意識していないときでもできるようになるのが習慣化です。習慣化されて無意識でもできるということは、自分の血となり肉となっている、ということです。

そこまで自分の中に落とし込むことが大事だと、私は自分自身の経験から深く感じているから、若い人たちにも厳しく言うのです。

誰だってここいちばんの勝負どころでは、がんばれます。けれども、それがとっさの事態や緊張下にあるときでも同じように能力を発揮できるか。

自分の能力がどんなときでも同等の品質として保証されていれば、お客さまにも会社にも価値を感じてもらえるわけです。

あなたはいまやっている仕事において、自分の技能やサービスが、どんなときでも一定の品質として保証できるというところまで板についていると言えますか。

自分のプロとしてのヴァリュー（価値）はどこにあるかがわかっていますか。

自分のプレゼンス（存在感）をきちんと意識していますか。

習慣を自分の味方につけるということを、ぜひ実践してみてください。お勧めします。

09

いまやるべきことに全力を注ぐ

仕事に就くにあたり、こうなりたい、ああなりたいという夢は、みんなあると思います。夢を持つことはもちろん悪くないことですが、自分の憧れるポジションなんて、そう簡単に手に入るものではありません。社会とか組織というのはそんなに甘くはないのです。

いまやっているのは自分のやりたいことではない、こんなことは無駄だ、早く夢をかなえたい、という気持ちで上ばかり見ていると、いま現在やらなければならないことがおろそかになります。いまをいいかげんに過ごしていたら、その先に続きません。**将来というのはいまの延長線上にあるわけです。だから、いまやるべきことに全力を注がないといけない。**いまの自分に与えられている役割の中で輝いていくことが、将来につながり、それが夢や目標に結びついていくのです。そこに気づいてほしいと思います。

一流になる人は、そのときどきの自分の置かれた場所、立場、条件といったことを、自分ができないことの言い訳にしません。そんなことにはこだわりません。何をやっていても、もっと工夫できるんじゃないかとか、もっと喜んでもらえるんじゃないかとか、そのことそのものを楽しむ術（すべ）を見つけてしまいます。

一流と呼ばれるようになるまでの「雌伏（しふく）の時代」が誰しもあるわけですが、そういう時代もその状況の中で楽しんでいる。逆にいえば、そういう発想のできる人が一流になっていくのです。

私は、目標だとか夢を具体的に持ちすぎていると、かえってそれにこだわってしまってマイナスに働くことが多いように思っています。「自分の目指しているのはこれだけ」という意識が強すぎると、そこにしか目が行きません。もっと面白いものや、もっといいチャンスが周りにあっても、気づかずに見逃してしまいます。

たとえばショッピングに行くとします。「今日はこれを買う」と目的を決めて、それだけを探すと、意外と気に入るものが見つからない、ということがありませんか。それよりは、ウィンドウショッピングのつもりでなにげなく歩いていたら、ものすごく好きなものに出合えることがある。そうやって買ったものが、自分の本当のお気に入りになることもよくあります。心に余裕があって、広い視野で自分のセンサーに引っかかってくるものを見ているときのほうが、自分に合うものがよくわかるからだと思います。

夢や目標もそうです。「これだけしかない」「これしか考えられない」という状況になっていると、こだわりを持ちすぎているために、他のもっといいものに気づかないものです。

自分の能力は、自分自身で思うよりももっと高いものだと思って間違いありませんよ。

好奇心のドアは、いつも開けておく。そのことがチャンスを呼ぶのです。

10

一流の人は、メンタルを整える習慣を必ず持っている

つねに落ち着いた人でいるために、一流の人はメンタルを整える習慣をそれぞれお持ちです。

不愉快な出来事や落ち込むような事態があっても、それをすることで心を穏やかに持ち直すことができる。何をすることで自分の心をリセットできるかを、しっかり把握しているのです。

茶室でひとりで静かにお茶を点(た)て、それを味わっていると、ざわついていた気持ちが落ち着き、心を鎮められるとおっしゃった方がいます。「私の茶は無手勝流だけどね」とおっしゃって、型に捉われず、茶室で胡坐(あぐら)をかいて好きな流儀で飲まれるそうです。もちろん、基本的な心得があるから型を崩すことができるのでしょう。

トップビジネスパーソンでお茶を嗜(たしな)まれる方は多いですね。そもそも茶の湯というのは、千利休の時代から戦国大名が愛好していたものです。**心を落ち着かせる目的としても有効ですし、また、社交の場としても非常に重要でした。**

心の余裕を求めるトップクラスの方々は、いまもその意義を感じているのだと思います。

最近では、外資系のビジネスパーソンでもお茶の心得を知っておきたいという人が増えていますし、海外のエグゼクティブは、禅と同様に茶道にもたいへん興味を持ちます。

茶道を学ぶうちに、茶碗を自分でつくりたくなって陶芸をはじめたという方もいます。手で土を練っていると、精神的に解き放たれて無になれる、轆轤（ろくろ）で茶碗を成形していると、リラックスした中にも集中力がみなぎってくるのだそうです。

また、プールで泳ぐと、嫌なこともみんな水に流せてすっきりする、とおっしゃっていた方もいます。

マラソンにも心をリセットする効果があります。村上春樹さんがエッセイに、人から非難を受けたり、期待していたようには受け入れてもらえなかったりしたときは、いつもより長い距離を走って肉体を消耗させ、結果的に自分を強化する、と書かれていたことがありますが、**フィジカル強化によってセルフコントロ**

ールし、メンタルバランスをとっている方は多いようです。

一風変わったところでは、剣道をやっているお医者さま。この方は、毎朝、乾布摩擦をしているといいます。

それも、タオルなどでこするのではなく、亀の子たわしでからだをこするのだそうです。そのあと、冷水を浴びる。すると、からだがぽかぽか温かくなるそうで、精神がシャキッとして筋が通る気がするのと同時に、風邪も引かない丈夫なからだをつくることにもなるとおっしゃっています。

これらの方々に共通しているのは、切り替えの巧みさです。**ネガティブな感情を心の中で増幅させず、気持ちを切り替える術として、自分の好きなことを上手に活用しているのです。**

さて、あなたにとってそれは何でしょうか。

自分の心をリセットする独自の習慣を見つけてみてください。

11

本質ではない細かいことにこだわらない

一流の人はこだわりがないというか、「こうでなければならない」という捉われがないような気がします。

VIPとしてファーストクラス（国際線）やプレミアムクラス（国内線）に乗ってこられても、あれこれとリクエストをなさることがとても少ないように感じます。偉ぶることもなく、自分の欲求とか要望を押しつけない。臨機応変で、とてもスマートな対応をされます。

むしろ、やたらと上昇志向が強かったり、成功したくて仕方がないような人ほど、自分のことを認めてもらいたいという意識が働くのか、「どうしてこれが用意できないのか」と、自分本位の要望をあれこれとおっしゃいます。

それを聞いて、よくお乗りになられる企業のトップの方が、「僕は残ったのでいいから、そのぶんをあちらにどうぞ差し上げてください」と気を遣ってくださったりするのです。人としての器が違います。

一流の方は、自分のために何をしてくれ、などとは考えておられません。

そして形式的なことにこだわらない姿が素敵だなあと思ったのは、緒方貞子さんです。

沖縄から羽田へのフライトのとき、お乗りになりました。そのとき緒方さんは、なんともんぺ姿でした。小柄な緒方さんの周りを何人ものＳＰがガードしていましたが、ご本人はいたってざっくばらんでした。

そのフライトはプレミアムクラスだけが満席で、一般席にはけっこう空席がありました。トイレに立たれたときに一般席が空いていることに気づかれた緒方さんは、「あら、こっちのほうがゆっくりできていいじゃないの」とおっしゃいました。「はい、こちらから後ろでしたら、もうご自由にお座りいただけますよ」と申し上げると、「本当ね、じゃあ移らせてちょうだい」と笑っておっしゃったのです。

その発想が、緒方さんの本質重視の姿勢を物語っていると思いました。人がどう振る舞おうが、かんたんに左右されない。**プレミアムクラスであろうが一般席であろうが関係なく、緒方さんにとっては、ゆったりくつろげる空間と時間を持てることのほうが価値があったのです。**

12

一流の人は、どこでも自分の世界に入り込める

一流のエグゼクティブが、機内でのリクエストが少ないのは、もう物心両面で満たされているから要らないというのと、飛行機に乗る回数も多いので珍しくないということもあるのかもしれません。

飛行機での移動が非日常の方や、アップグレードされたお客さまの場合、いろいろ試してみたいと思われるのも当然です。

旅の目的がビジネスなのかレジャーなのかでも違いますが、ビジネスのためにお乗りになるエグゼクティブの方々は、テレビもあまりつけようとしませんし、映画もあまりご覧になっている気配がありません。

飛行機だから特別ということはなくて、仕事をされたり、本を読まれたり、あるいは睡眠をとると決めてお休みになられたり、それぞれご自分の過ごし方のスタイルができています。

緒方貞子さんもマーガレット・サッチャーさんもそうでしたが、**モノのサービスなど必要としていない**のだと思います。

「こっちから声をかけるまで起こさないでください」と言ってお休みになる方、

「食事はこれとこれだけでいい」「飲み物のオーダーも聞いてくれなくていい」とおっしゃって、持ち込まれた本を何冊もずっと読みふけっている方もいます。

皆さん、この移動の時間をどう有効に使おうかと考えて、時間を無駄にしていないということです。来客もない、会議もない、電話も入らないわけですから、忙しいエグゼクティブにとって、フライト中は誰にも邪魔されずに自分の時間を有効に使えるチャンスといえます。ですから、インプットの時間にするのか、からだを休める時間にするのか、あらかじめ目的意識を持って、周到に計算されていらっしゃるようです。

エグゼクティブの方々は、皆さん基本的に非常にタフです。

周囲が多少ガヤガヤしていてもあまり気にされない方が多い。神経質な方も中にはいらっしゃいますが、たいていの方は外的な要因への不満などをおっしゃらない。**どんな状況にあっても自分は自分というスタンスで、すっと自分の世界に入り込めるようです。**

やはりビジネスの現場で、タフなネゴシエーションの経験をいろいろ積んでいるからではないでしょうか。自分の周囲に見えないエアカプセルがあって、それをすっと下ろして自分の世界に浸ってしまうような印象です。そういう**すごい集中力を持っている方が多いような気がします。**

13

一流の人は、お坊さんの本を読んでいる

エグゼクティブの方々は機内でどんな本を読んでいるかというと、意外にお坊さんの書いた本が多いですね。ビジネス書を読んでいる方はほとんどいません。日本人ばかりでなく、海外のエグゼクティブもそうです。

海外の方々の間ではとくに禅、瞑想、ブッダの教えといった内容のものがよく読まれています。スティーブ・ジョブズは禅が好きだったという話は有名ですが、海外のエグゼクティブは東洋的な精神世界に非常に関心がある方が多いようです。

私が携わっているアメリカのハイエンドの人々向け旅行コンサルタント会社にも、日本で坐禅や瞑想のできるお寺を紹介してほしいという依頼が多く、企業経営者のほとんどが禅のメディテーションに行かれます。

坐禅希望の海外の方に私がよくご案内しているのは、京都の妙心寺退蔵院というお寺で、英語が堪能なお坊さんがいてお相手してくれます。

エグゼクティブにお坊さんの本や禅などが好まれるのは、やはり心をリセットし、メンタルを整える必要性をそれだけ感じているからだと思います。

ビジネスの世界で勝ち抜いていくというのは、担うものが非常に多いわけです。決断、競争、ネゴシエーション、そういう中で落ち込んで悩んでしまったり、打ちのめされてしまったりすると、メンタル的に潰れてしまいます。ストレスを発散し、心をリセットする習慣を持っていないと、リーダーとしてのモチベーションを保てない。また、巻き返しを図るパワーが沸き立たない。自分の心を健全に保つための方法を持つことが求められます。

坐禅や瞑想は、その心のリセットに非常に効果的だと考えられているわけです。

自分の心を整える術を知っているということは、現代のようなストレス社会を生きていくためには大切なことです。

14

一流の人は、聞き流さずにメモをとる

機内での過ごし方ということでは、エグゼクティブの方々が手帳を開いて考え事をしている光景をよく見かけました。

いまはスマートフォンやタブレット端末を手帳代わりにしている方が多いですが、私がＣＡを務めていたころは、手帳をいかに自分流に使いこなすかが「できるビジネスパーソン」の証明であるように考えられていたこともあって、手帳をカスタマイズして上手に活用されているなと感じる機会がよくありました。

秘書の方がスケジュール管理をしている方でも、小ぶりの手帳をお持ちになっていて、いろいろ書き込んでいるという方がほとんどでした。

だいたいエグゼクティブの方というのは、メモ魔なのです。気がついたことを自分で書きとめておく習慣がある。人の話を聞いていて、これはと思うことを皆さんすぐにメモされます。

ただ聞き流してしまうのではなく、自分にとって何かのヒントになりそうなことは必ず書いておくのです。**好奇心が旺盛で、人の話を注意深く聞いて、つねに勉強しよう、活かそうという姿勢を感じました。**

記憶に深く残っているのは、手帳に付箋がたくさん貼り付けてあった方です。手帳そのものは普通の文房具店で買えるような黒いビジネス手帳なのですが、一ページに三枚くらい貼れるサイズの付箋に、それぞれメモが書き込まれていて、ペタペタ貼られているのです。

手帳にただメモするよりも、目立ちます。否応なく目に入る。

何より、自由にあちこち動かせるのがとても便利です。もうこれは要らないと思ったらはがしてしまえますし、大事だと思ったら前のほうのページからよく見るページに持ってきてもいい。ぱっと人に渡すこともできる。この情報を教えてあげたいと思ったときに、その場で「はい、これ」と渡せる。

メモが、自分のためだけではなく、人のためにも使えるわけです。

これはつねにコミュニケーションを円滑にとる姿勢ができているということで、私も真似してやっていました。

いまは私もスマホにしてしまって手帳はあまり持たなくなりましたが、そのころは人の話を聞いていて意識に引っかかったことや、本を読んでいい言葉だなと思ったことなどはよく付箋に書きとめて、手帳に貼っていました。

とくにいい言葉だと心に残るものは、意識的に何度も使ってみることで、自分の言葉にしたりもしていました。

デジタルのメモはきれいで便利なのですが、ときどきふっと、アナログの感触が懐かしくなることがあります。手書きで手帳や付箋に書き込んだメモは、あとで見返したときに、瞬時にそのときの気持ちがよみがえってきます。「ああ、これはあの方から教えていただいたことだなあ。あれはどこ行きのフライトで、そのときこんなお話もしたなあ」というのが、不思議と思い出せるのです。

デジタルのメモには、そういう記憶の連鎖のようなことがありません。便利さのかげで、失われてしまうものもある。それで、私は手紙や葉書のような手書きのものを大切にしたいと思うのかもしれません。

15

いい店に行き、ひとりで食事の時間を楽しむ

一流の紳士というと、私の中にひとつのイメージがあります。

味に定評のある落ち着いた雰囲気の老舗レストランで、ジャケットの胸にちょっと鮮やかな色のポケットチーフをのぞかせて、ひとりで優雅に食事をしている白髪の紳士。彼が店に入ってくると、必ず決まった席に通されて、マネージャーが「今日もいつものメニューでよろしいでしょうか？」と尋ねる、そんな光景です。

ヨーロッパではけっこう見かけるのですが、日本ではめったにこういう方にお目にかかりません。

男性がひとりで外食をするとなると、定食屋、牛丼屋、ラーメン屋、回転寿司といったパターンがほとんどではないかと思われます。無言で誰とも会話せず、ただ出てきたものをガーッと食べて終わる、というのはいただけません。時間のないランチタイムならともかく、夕食をそんなかたちで済ませるのはなんともわびしい気がします。

ミシュランの星いくつというような高級レストランに行けとは言いませんが、

おいしいものを味わえる店をいくつか見つけて、行きつけになって、ひとりで食事の時間を楽しむ余裕を持ってほしいと思います。

レストランではなくて、気心の知れた女将のいる割烹や、職人気質の大将の寿司屋でもいいですが、基本的にちょっと襟を正して入るような雰囲気の店であること。ただおなかを満たせばいいというのではなく、食事を楽しんで満足感を味わってほしいのです。

これは、ひとりの時間を楽しもう、という意識がないとできないと思います。

女性の場合、ひとりで食事をすることに抵抗のない人は、お気に入りの店を探して楽しんでいます。ひとりで食事をするのはちょっと、という人は、友だちを誘って楽しんでいます。ところが男性の場合は面倒くさがって、適当に満腹になればいいや、となりがちなのです。一流には程遠いですね。

たとえ自分が一流の人間になれていなくても、せめてそうやってひとりの時間を楽しむ心の余裕を持てるようになれば、見えてくる世界がまた変わってくるはずです。

できれば、昼間とはひと味違うおしゃれをしてみてください。ポケットチーフやカフス、カジュアルなアスコットタイでもしてみましょう。ちゃんとしたところに行くのが原則ですから、自分を少し盛り上げないといけません。

たまには、恋人や奥さんを連れて行ってもいいと思います。「へえ、感じのいい素敵なお店を知ってるのね」と言われて株が上がるようなら上出来です。

16

一流の人は、良質なホテルでのくつろぎ方を知っている

自力でそんなしゃれた店を見つけられそうにないという人は、一流ホテルに行きましょう。ホテルはいろいろなニーズのお客さまに対応しているため、ドレスコードがしっかりあるような格式の高いレストランもありますが、誰でも気軽に入れる店もあります。まずはロビーラウンジやカフェテラスに行ってみましょう。**いいホテルはサービスの質が高く、本当に気持ちのいいサービスが受けられます。マナーやエチケットも自然と学ぶことになります。**

ホテルとは宿泊するだけの場所ではありません。ありとあらゆるサービスがあります。一流ホテルにないサービスはないといってもいいでしょう。

宿泊するとか正式なレストランでのディナーとなるとそれなりに高くつきますが、使い方によっては特別高いということもなく、サービスのよさなどを考え合わせると、コストパフォーマンスとしてけっして悪くありません。

海外のお客さまも多いですし、いろいろな人が集まる場なので、人間ウォッチングにも最適です。

エグゼクティブは皆さん、自分の好きなホテルがあって、日頃からさまざまな

かたちで上手に活用しています。

朝食に利用するとか、人と待ち合わせをする、仕事帰りにちょっとリラックスするためにバーに立ち寄る。理髪店や靴磨きコーナーもある、花屋さんもある。

私が東京でいちばん好きなのはホテルオークラです。ヘルスクラブに行ったり、カフェでフレンチトーストなどの軽食を食べたり、よく利用しています。

またお気に入りのバーがあって、いつもお客さまの半分くらいが外国人です。雰囲気がとてもよく、お値段だって別に高くない。こういうところでスコッチを一杯飲んで帰るなんていうのはとてもいいと思います。

ホテルのバーは、くつろいで軽く飲むための場所なので、女性がつくお店のように、やたらと勧められたりすることもなく、むしろ安心して行けるのではないでしょうか。しかも、そこに来ている常連のお客さまたちが素敵なので、アフターファイブに自分を磨こうと思うならお勧めです。

ホテルの場合は格式とサービスの質が大切なので、新しければいいとか、大きければいいということはありません。いろいろなホテルに行ってみて、どの空間が自分にいちばんしっくり来るか比べてみるといいでしょうね。

やはり、**いいホテルの使い方をいろいろ知っている人は、一流だと思います。**

東京はとても住みやすい街ですが、ミラノ、パリ、NY、ロンドンなどと比べて大人がくつろぐ場が断然少ない、と私は思っています。

また、朝早い時間に開いている大人向けの店がなかなかありません。ファストフード店は開いていますが、ゆったりした気持ちでお茶を飲んだり、新聞を読みながらおいしい朝食を味わったりできる場が少ないのです。

あるいは仕事が終わってから、家に帰る前に気軽にリラックスするための場、シャンパンやワインをちょっと一杯いただけるようなバールのようなところもあまりありません。あるとすると、わさわさとした居酒屋のような場所になってしまいます。

その点、ホテルにはおいしい朝ごはんがゆっくり食べられるところも、軽くお酒を飲める場もある。大人が日々の暮らしを楽しむにはホテルを上手に活用することがいちばんなのです。

17

幸運ではなく、強運を呼び込む術を知っている

幸運というのは、たまたまラッキーなことに遭遇することです。たとえば十個モノが落ちてきて、その中に一個二個嬉しいものがあった、そういうものが幸運です。

しかし、落ちてくるものがラッキーなことにつながる比率をもっと高くできたら、それは「強運」になります。つまり**強運というのは、自分で努力したり工夫したりしてラッキーになりそうなことを増やしていくこと。自分でいい運を呼び込みやすい状況を培(つちか)っていくものです。**

ANA時代、私は「社内初」という立場につかせていただくことがよくありました。

キャビンマネージャー（CM。客室乗務員職掌一級。CA最高位）に最年少で任命されたこと、トップVIP担当の訓練制度第一期メンバーに選ばれたこと、コンピテンシー行動モデルに選ばれたこと、第一回のアピアランスリーダーに選ばれたこと。

自慢しているのではないのです。五千人ほどいるCAの中で、わずか数人というチャンスに、なぜ私はこんなに何度も選んでいただくことができたのか。

つねに安定したクオリティーを心がけているということは前にも書きましたが、それだけではないと思っています。

一度選ばれた立場に立つと、人間はその使命、責務をまっとうしようという気持ちで一生懸命励みます。私もそうでした。この任務に恥じない仕事をしなければ……と思って、いっそう気持ちを引き締め、モチベーションを高くしました。

その結果、私には実績がつき、それによって、信頼性が増したのです。安心感といってもいいかもしれません。

「これは、里岡ならきっとうまくこなすのではないか」という信頼や安心が、また次の選出機会に候補に挙げていただくことにつながっていったのだと思うのです。

いわば「里岡美津奈というブランド」として、私は社内で認めていただけていた。だから幸運ではなく、強運をつかめるようになったのだと考えています。

つねに順風満帆（じゅんぷうまんぱん）なことばかりではありませんでした。とくに、ガンになって一年休職することになったときは、この私でもずいぶん落ち込みました。術後、手が上がらなくなって、もうCAに復帰することは無理かもしれないと思った時期もありました。

ANAでは、三カ月以上のブランクがあると、訓練所で再トレーニングを受けることになります。

また、一年にもわたる休職となると、いきなり以前のポストには戻れません。新人のころのように、またエコノミークラスのキャビン、ギャレー、そしてパーサー、次にビジネスクラス、と各クラスの業務をすべてやりなおして、ひとつずつステップアップを目指す。元の役職に戻るためには、後輩たちよりも下のポストで一からやりなおさないといけません。

そうしたキャリアの積みなおしをしてようやく元のポジションに戻れたときに、身だしなみが整っていて他のCAのお手本となる人を選ぶアピアランスリーダーのひとりに選ばれたのです。そのときはやっぱり喜びも一入(ひとしお)でした。

私の考える強運とは、「私が、私が」と強く自己主張して、力わざで何かを手

に入れることではありません。いまの自分に与えられた任務にベストを尽くし、そこで結果を出し、周囲の信頼を得る。そして周囲とロイヤリティーを築くことです。

その信頼が、チャンスを呼び込んでくれる。これを私は、強運体質になる、と呼んでいます。

Part

II

一流になる人の小さな習慣

How to Distinguish First-class Persons from Others

18

自分の関心事を公言すると、ご縁が舞い込んでくる

私は自分が昔バレエを習っていたこともあって、バレエを観るのが好きで、海外のバレエ公演が来ると必ず行きます。ある企業の社長さんご夫妻といつも会場で顔を合わせているうちに親しくなり、最近では「今度、○○の公演があるでしょう。里岡さんも一緒に行きませんか」と誘っていただいてご一緒するようになりました。

日本のバレエダンサーで海外で活躍している方がいますので、そういう方の話題だったり、バレエの本場はやはりヨーロッパですから、そのバレエ団のある街の話をしたり、バレエに使われる音楽の話をしたり、話題も広がっていきます。

「こういうものもお好きなんですか？」

「大好きです」

「じゃあ、今度こういうのがあったらお知らせしましょう」

「今度、この方をご紹介しますね」

こんな具合に情報交換ができて、さらに**新しい興味のフタが開いたり、いろいろな方々との交流が生まれたりするのです。**

また、先日とても素晴らしいご縁に恵まれました。それは、日本人でたいへん有名なバイオリニストの漆原朝子さんです。たまたま同じ歯医者さんに通っていたのですが、そこの先代の院長先生が具合が悪くて、漆原さんがその先生を励ます目的でプライベートコンサートを開かれたことがありました。

私もお招きにあずかり、そのときに「何かリクエストはありますか」と聞いてくださったのです。私はチャイコフスキーのバイオリンコンチェルトが大好きなので、リクエストさせていただいたり、間近で情熱的な演奏をたっぷりと堪能させていただきました。

自分の関心事を公言したり発信したりしておくことで、そんな幸せなことも起こるわけです。漆原さんのつながりで、私自身もたいへんファンである五嶋みどりさん、五嶋龍さんのお話をうかがうこともできました。

こういったことがあると、ますますクラシック音楽への興味が深まっていきます。コンサートに行く機会も増えますし、自宅でもいろいろ聴いて楽しみながら、より理解を深めようとします。自分自身が勉強して、成長することができるのです。

自分が興味・関心を持っていることを発信しておくと、情報やご縁というのは舞い込んできやすくなります。どこかでキャッチしてくれる人がいて、思わぬ形で返ってくることがあるのです。

19

自分の心が「動かされるもの」に素直になる

感性は、本物をたくさん味わうことでどんどん磨かれていくものだと思います。

茶道の話を前述しましたが、お茶会には、お道具を拝見し、掛け軸や花入れなどの床のしつらえを褒め、その来歴を尋ねるという決まりがあります。ですからおのずと**美しいもの、本物に触れることで、本物を見極める感覚が養われるのです。**

私事ですが、うちは父がやはりお茶を嗜んでいました。私は子どものころから父の愛好する品々を見て、華美なものより、渋い風合いのものが好きだなあと思っていました。

ＣＡになることが決まって東京に出てくる際、父が「美津奈がいつでも僕たちのことを思い出せるよう、記念になるものを何か買ってやろう」と言ってくれました。

私は「だったら、新しい何かを買ってもらうよりも、あの備前の花入れが欲しい」と、父が茶室でよく使っていた花入れをもらうことにしました。

それと、父の見立てで着物を買ってもらいました。着物に関しては、母のものも私たち姉妹のものも、よく父が見立ててくれていました。

私が若いころから、歳のわりに古いもの、渋いものに目が向き、そのよさを感じとれていたのは、やはり子どものころからいろいろ観察していたからだと思っています。見たこともない、触れたこともないというのでは、そのものへの興味も持てません。

ものに関心を持つ。見たくないものを見ようとする必要はありません。**自分が興味を持てるものをまず見てください。**

自分の心が動かされるものに対して、素直になる。感動するというのは、その心の動きに敏感になることです。

自分の心の動きに敏感になれば、人の心の動きにも気づけます。何を見ても聞いても「ふ～ん」と反応が単調で心が固まってしまっている人は、人がどうしてほしいと望んでいるのか、人情の機微に気づけません。

本物に触れて、いいものを手に入れることが一流だと言っているのではないのです。感じる心をちゃんと持とう、そのためには、いろいろなものに感動することが大切だと思うのです。

20

つねに相手の期待値のちょっと上を目指す

私がCA時代からつねに意識していたことのひとつに、相手の期待値のちょっとだけ上を目指す、ということがあります。

期待どおりのことをしただけでは、当たり前に思えてしまうものなのです。当たり前に思えても納得していただければいいわけですが、何か物足りなく感じられてしまうこともあります。

たとえば、お客さまが「この飛行機、予定どおりの時間に到着するの？」と聞いてこられた場合、「はい。定刻どおり、何時何分に到着する予定です」とお答えすると、それは求められたことにただ答えたにすぎないわけです。

そのお客さまはなぜそう聞いてこられたのだろうか。そこを考えてみます。

「はい。定刻どおり、何時何分に到着する予定ですが、その後何かお急ぎのご予定ですか？」とお尋ねすると、乗り継ぎの予定があるとか、空港に誰かが迎えに来てくれることになっているとか、その方の事情をお話しいただけます。

定刻どおりの場合はいいのですが、もし少し遅れぎみだった場合、お客さまの気持ちの中には不安や焦りがあります。それに対して納得したり安心したりしていただけるようなことをお答えできると、お客さまは満足されるものです。

これはビジネスでも同じだと思います。上司に言われたことだけをやっていたのでは評価されません。かといって期待を大きく上回ろうと力むと、かえって失敗してしまうことになります。求められていたことと大きく違うことを独断でやってしまうと「そんなことを頼んでいないだろう」ということになりかねないのです。

ですから、**「相手はこのくらいを期待しているだろうな」という線の、ちょっと上を狙うのです。一歩、いや半歩くらい先を目指す。**そうすると、そのときにはすぐにわからなくても、その積み重ねはいつか周りも気づき、あなたの価値になっていくのです。

人の期待に少し上乗せをして応えたいという気持ちは、自分自身のモチベーションにもなりますし、やりがいにもつながります。

けっして、すごいことをするのではなく、少しの想像力で＋αのお返しや答えを出すこと、その一言を加えることを目指すとよいのです。

21

「もっと、もっと」の思考ではなく、「足るを知る」の思考

元UBS銀行東京支店のチェアマンで、その後UBSイタリアのトップにもなったヴィットリオ・ヴォルピさんに、**失敗しない投資の方法を尋ねたことがあります。**

答えは「投資はするな」でした。

「どんな投資にもトラップがあります。そもそも、いま日本の銀行にお金を預けて、一年で何%の利息がつきますか？　こんなに低金利なのが普通なのに、『年に一〇%儲かる』というのはおかしいと思わなきゃいけない。素人を騙すことなんて、簡単なことです。だから、信憑性（しんぴょうせい）のないものに手を出さないことがいちばんです。

投資というのは、何億も何十億もの財産があって、ちょっと運用してこれが多少損したところで困らない、という人がすればいいのです。それだったらもっと別のアドバイスができるけれど、そうではないんだから、地道に働いて、地道に貯金してください」

そう言われました。

ちょっと貯まったお金を元手に一攫千金を狙おうなどと考えると、失敗して痛い目に遭う。投資とはギャンブル性が付き物なのだから、失敗しても大けがにならない人がやるべきもので、そうでない人間は手を出してはいけない。**楽して儲けることなど考えずに、誠実にコツコツと自分で働いて、それを貯めていくのがいちばんいいという、非常に納得のいくアドバイスです。**

すごい資産家なのに、彼はこういう堅実なことを言ってくれるのです。

ヴィットリオさん自身は、「僕は死ぬまで働きたいし、お金がなかったら、いいものを食べなくていいです。お金があったら、ちょっとだけおいしいものを食べたい。星のついたレストランに行きたいとも思わない」というのが口ぐせです。

実際、子どもの教育や、知的好奇心に関することにはお金を使うことを惜しみませんが、やたらと贅沢をしようとしたりはしません。

ご本人はたいへんおしゃれなのですが、値段の高いものを求めるのではなく、自分が好きなもの、着心地のいいものを求める。彼はよく高級ブランドのゼニアのスーツを着ているのですが、それはブランド志向だからではなく、以前、ゼニアの取締役をしていたという人的つながりがあるからなのです。

ヴィットリオさんの感覚は、日本らしい言葉でいえば「足るを知る」ということではないでしょうか。

あれも欲しい、これも欲しい、もっと欲しいと考えてしまうと、際限がありません。満足するということがなくなってしまいます。

「もっと、もっと」と欲求を膨らませて生きるのではなく、自分がすでに充分持っていることを知り、その中で快適に暮らす道を考える。

一流の人は、そういう思考で生きているように思います。そうではない「もっと、もっと」思考の人は、どこかで足をすくわれてしまう。

「足るを知る」と、自分が社会に貢献できることは何か、どういう還元の仕方ができるだろうか、と考えられるようになります。

そういう心境にたどりつくことが一流なのだと思います。

22

いつもにこやかで、ユーモアを忘れない

リーダー、とりわけトップに立つ人は、いつも陽気で明るく、周囲を和ませる資質を持っています。私がその人柄をいちばん素敵だなあと思ったのは、ＡＮＡの元会長、大橋洋治さんです。私がいたころは社長でいらっしゃいました。

つねににこやかでユーモアがあり、「明日は今日よりもっとよくなるはずだ」という信念のもと、伸びやかな社風をつくってくださった方です。

「失敗はどんどんしなさい。若い人が失敗しないというのは、何も新しいことに挑戦していないという証拠だ」とおっしゃっていました。

茶目っ気たっぷりですごくチャーミングな方で、「突然社長にこんなこと言われてびっくりしちゃったよ」という話をいろいろな人から耳にしました。

これは聞いた話ですが、奥さまもとても素敵な方なのだそうです。ハイヤーの運転手さんがお迎えに行ったとき、「外で待っているのは寒いから中に入ってください」とおっしゃって、温かいお茶を出してくださったとか。奥さまも優しい心配りをされる方だそうです。この話を聞いたとき、やはり一流の人は伴侶も一流なんだなと思いました。

組織というのは、トップの方の人柄が反映されます。トップがおおらかで明るいと、組織全体に笑顔が増え、風通しがよくなります。

23

価値観にそぐわない出費をしない

私はいまスマホに、「それは自分のヴァリューを上げるか？」と書いたメモを写真に撮って、パッと見えるようにしてあります。

自分の価値観とお金の使い方は必ずしも一致していないものだから、お金の使い方を見直すことで自分の価値観とのずれが修正できると、ファイナンシャルプランナーの友人から教えてもらったことがきっかけです。

実際に領収書やレシートなどを見直してみました。いまは個人事業主のため確定申告をしなければいけませんので、これらのこまめな整理は一石二鳥でもあります。

ＡＮＡの社員時代には家計簿をつける習慣はありませんでした。何にどのくらいお金を使っているのか、あまりシビアに計算してみたことがなかったのです。

実際にやってみると、**自分が持っている価値観とお金の使い方というのは、けっこうずれているものだということがよくわかりました。**

まず紙に、現在の自分は何に価値を置いているか、自分の中で大切にしたいことは何なのかを箇条書きにします。この一カ月、実際にいちばんお金がかかっているものは何か。次は何か。その次は……。それを照らし合わせてみるのです。

自分があまり価値を置いていないこと、あまり必要としていないことに、意外にお金がかかっていたりする。つまり、そういうところはいまの自分にとっては無駄な部分、削れる部分というわけです。

自分の行動を出費からチェックすることで、自分の価値観に合った生き方をしているのかどうかが確認できます。

そこで、価値観にそぐわないお金の使い方を自分自身に戒めるために、「それは自分のヴァリューを上げるか？」というメッセージをスマホに入れておくことにしたのです。

何かモノを買おうとするときにそれを見て、「それは私のヴァリューを上げる買い物なのか？」「価値観に即したお金の使い方なのか？」と自問します。そうすると一瞬、冷静になります。買いたいという衝動にワンクッション置くことになる。「よく考えたらこれと似たものをこの間買ったし、いまの私にはそんなに必要なものではないんじゃないの？」ともうひとりの自分が答えて、歯止めがかかります。

ときには「いや、これは将来的にきっとヴァリューを上げるはず」と、ちょっと自分にいいように解釈してしまう部分もあるのですが、少なくとも、日々の生活の中で自分にとって本当に必要なものは何かをチェックしつづけるという効果はあります。

ぜひやってみてください。

24

興味がないものは きれいさっぱり手放す

「それは自分のヴァリューを上げるか?」という言葉は、身辺の片づけ、いわゆる「断捨離（だんしゃり）」にも役立つと思います。

日々の生活の中で、私たちはいろいろなモノを溜（た）め込（こ）んでいます。もう要らない、捨てようと思っても、また使うこともあるかもしれないという気持ちとせめぎ合って、思いきって捨てられないことが多いと思います。

しかし、これは自分にとって価値のないものだということを、はっきりと紙に書いて目にすると、それへの執着が断ち切りやすくなります。

興味がないものは手放す。必要ないものは、きれいさっぱり棚卸しして、スペースを空けておかないと、新しいものが入ってきません。手放すから、新しいものが取り込めるのです。

不要なものを潔く手放す勇気がある人は、新たなチャンスをつかめます。

仕事とか地位もそうです。自分にはもうこれ以上ここで人の役に立つことはできそうにないと自分自身が思えれば、その地位にしがみつくことがなくなります。望まれていないのに、地位や名誉に執着するのは一流からもっともかけ離れたことだと思いますが、それも自分のヴァリューというものを冷静に見据えることで、とらわれている気持ちから自由になれるはずです。

差し当たり、まず身のまわりを片づけましょう。今後、自分のヴァリューを上げてくれると思えるもの以外はどんどん捨てましょう。

そして、掃除をしてこざっぱりしましょう。きれいになって気持ちのよくない人はいません。この気持ちよさ、爽快な気分が、新しい展開、新しい気、新しい出会いを運んできてくれるのです。

25

生活のリズムは、精神的なリズムにつながっている

あなたは生活のリズムが整っている自信がありますか。

生活のリズムというのは、精神的なリズムにつながっているものです。

精神科のドクターは患者さんに、まず何をするかというと、生活を改めさせます。生活のリズムの乱れが精神的な波をつくってしまうので、生活サイクルを改善するところから心を安定させる方法をとります。精神状態を安定させるためには、生活のリズムが非常に大事なのです。

精神的なリズムに乱高下（らんこうげ）のある人は嫌われてしまいます。その日の気分によってやたらご機嫌がよかったり、わけもわからずに不機嫌だったりすると、周りにどんどん人が寄ってこなくなります。「今日のこの人はどうだろう?」、いちいちそんなことを考えて付き合いたくはありませんね。職場の上司や同僚でも、あるいは友人でも、付き合うのが面倒くさくなってしまいます。

朝いつも同じ時間に起きて、同じ日課をやり、決まった時間に寝る、ただそれだけでいいのです。

仕事の日は朝早く起きますが、オフの日はついダラダラ寝たりしていませんか。仕事の日だろうが、オフの日だろうが、起きる時間に出来るだけ差をつけないようにしましょう。

もっともいけないのが二度寝することです。二度寝というのは、つい長く寝すぎてしまいます。時間がもったいない。二度寝するくらいだったら、とにかく朝はいつもどおりの時間に一回起きて、昼間にちょっとだけ仮眠するほうがいいそうです。

毎朝早く起きるようにすると、おのずと寝る時間も早くなる。生活のサイクルが昼と夜のからだのサイクルに合うと、ホルモン分泌の異常なども起こらなくなり、自律神経にも支障が出にくくなります。

朝早く起きると、三食の時間配分もいいわけです。朝が遅い人は、朝食を抜いて昼食と一緒になってしまったり、全体的に時間が遅めになったりします。そうすると、結局胃に負担がかかった状態で寝ることになり、からだ自体がゆっくりと休めなくなる。眠りが深くならない。太ることにもつながります。そういう意味でも、リズムのある生活が大事です。

早起きの苦手な人は、「わかっているけれど、それができないんですよ」と言います。それは、「早起きしなければいけない」と思って無理やりやろうとするから、うまくいかないのです。

私は昔から朝型人間です。朝早いフライトのときも、家を出る一時間半前に起きて、朝食をつくってゆっくり食べ、仕事に臨むプロモードになるまで、自分の決めた生活のリズムで過ごして、それから出勤していました。

いまも朝は早いですが、起きなければと思ったことは一度もありません。朝が好き、朝が楽しいのです。リズムを守るというより、朝が気持ちいいことを知っているので、そうせずにはいられないのです。

散歩やジョギングをするのも、朝の光の中で新聞を読んだり、家事をしたりするのも、気持ちいい。とくに朝食は、つくって楽しく、食べておいしい、脳も活発になる、といいことずくめ。毎晩、「明日の朝食は何をつくろう」と考えています。

朝の気持ちよさを味わえるようなことを見つけ出せばいいのです。ジョギングでも、ヨガでも、カフェでの朝勉強でも、ブレックファーストミーティングでも何でもいいですが、朝から生き生きと活動することの気持ちよさ、清々しさを知ると、いつまでも寝ているのがもったいなくなって起きてしまうと思いますよ。

26

自分を癒せる場所を持つ

オンとオフの切り替えがしっかりできると、生活のリズムによりメリハリがつきます。

一流の人は別荘を持っている方も多いので、そういう形でも日常と非日常がしっかり切り分けられています。

一流の人は住まいに贅（ぜい）をつくすというよりも環境のよさ、静けさ、ゆとり、建築資材の質のよさといったものにこだわり、派手な暮らしはしていらっしゃらない方々が多いように思います。皆さんシンプルライフです。

私のアメリカ人ビジネスパートナーは資産家で、米国クリーブランドにある実家の広大さは日本の常識では考えられないスケールで目を見張らされますが、ではよっぽど豪勢な生活をしているかというとそんなことはありません。とてもシンプルで賢い暮らしをされています。

一流の人は、住むところでもさりげなさを大切にしています。

皆さん田舎に別荘を構え、自然に囲まれた中で、快適で上質な時間を過ごすことを楽しみにしているという感じがします。

結局、それも、心を安定させるための場所、心を癒すための場所として大事にしているのだと思います。

彼らは日常の癒し、気分転換の場所として別荘などを持っていますが、そうでなくても、自分を癒せる場所を知っていれば、そこに行けばいいわけです。

自分の心を癒せる場所をちゃんとわかっていて、そこで英気を養ってまた仕事に励む。そういう癒しの場所探しからはじめるのがいいと思います。

27

一流の人は、アンフェアを嫌う

アメリカは日本とは比べものにならないくらい熾烈な競争社会ですから、ポジション争いはものすごいです。

「こいつは競争相手となって、自分を脅かしてくることなんかないな」と見ると、やけに親切に「いろいろ教えてあげるよ」と言います。要するに、相手にしていないからお客さん扱いするのです。

ところが、その人が自分のポジションを揺るがす可能性があるとなったら、手のひらを返します。人数も多い。それだけ能力がある人も多い。その中で競争を勝ち抜いていかなくてはならないので必死なのです。

ただし、**一流のエグゼクティブはアンフェアをとても嫌います。ルール、エチケットを守らずに、フェアでないことをした人は許さない。**

いるんですよ、ずるいやり方でのし上がっていこうとする人も。一瞬はいい思いができるかもしれませんが、みんなから認めてはもらえない。守ってもらえない。だから、やがて潰されます。

フェアであるということは万国共通、一流であることの大事な条件です。**戦い**

方にもルールがある、勝つにも、恥ずかしくない勝ち方をすべきである、と考えます。

日本でいうと、礼節を守るという感覚が近いと思います。

日本の武士道は、礼節を重んじ、つねに正々堂々と勝負する、卑怯なことをしないというのが美学になっています。

日本人、外国人を問わず、人格的に素晴らしいと尊敬される人はみんな、フェアな中で勝負しています。お金さえ儲ければいいんだ、成功すればいいんだ、という姿勢ではないのです。

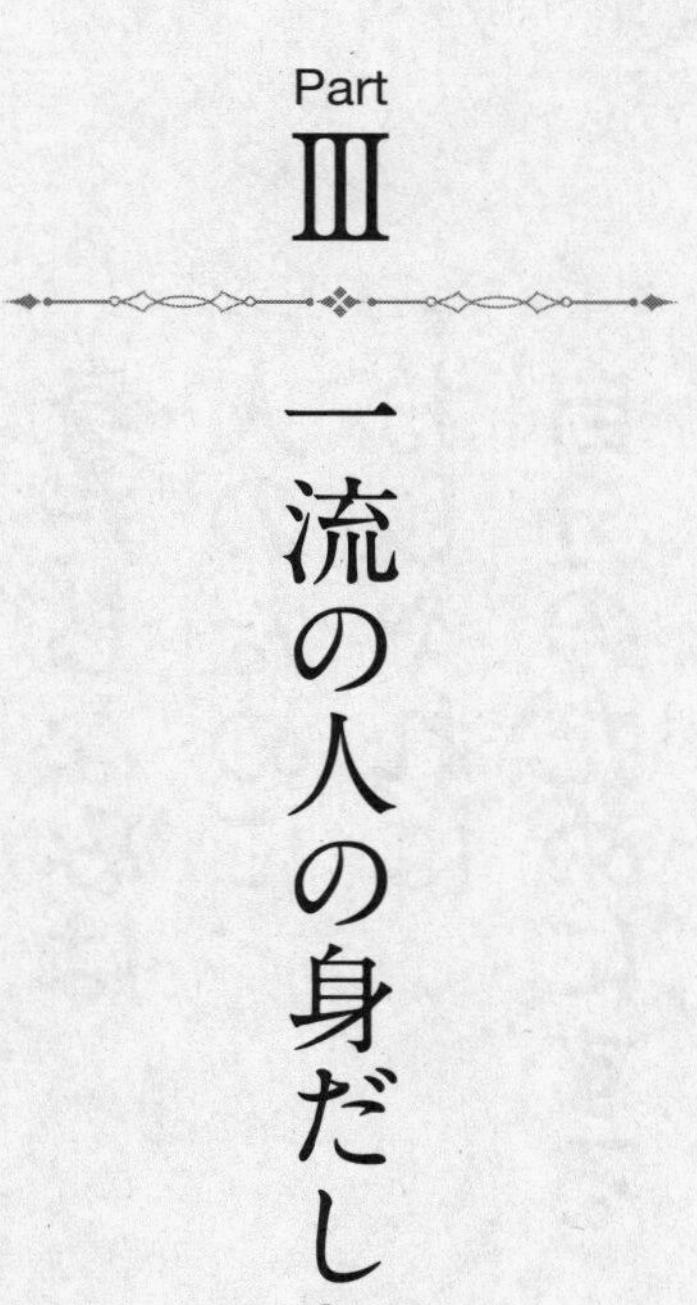

Part

Ⅲ

一流の人の身だしなみ

How to Distinguish First-class Persons from Others

28

身だしなみは人のために、おしゃれは自分のためにする

身だしなみを整えることは、ビジネスマナーの基本です。

では、身だしなみとおしゃれはどう違うのか、あなたははっきり認識できていますか。

身だしなみとは、人に不快感を与えないように身なりを整えること。仕事を取り巻く自分以外の人々が不愉快に感じることがないように、自分の身なりに気を配ることです。

身だしなみに必要なのは、自分の感性ではありません。

人の目にどう映るのか、相手にどういう印象を与えるのか、つねに他者の目を意識しなくてはならないのが身だしなみです。

これに対しておしゃれとは、自分のためにするものです。

自分をより洗練させて見せようという意識のもとですることです。それが人から褒められようが貶（けな）されようが、いまの自分は「これがいい、これが好き」と思ってやるのがおしゃれなのです。

オフのときは、自分の感性で自由におしゃれを楽しめばいいのですが、オンのときには身だしなみを第一に考える必要があります。穴開きジーンズも、鼻ピアスも、オフのときならいいでしょうが、仕事の場ではNGです。

身だしなみでまず大事なのは「清潔感」です。

どんなに高級でいいものを着ていても、ヨレヨレでくたびれていたのでは台無し。リーズナブルなものでも、洗濯してきちんとアイロンをかけてビシッと着ていたほうが好印象です。

そういう意味で、身だしなみで次に大事なのが「**手間をかける**」ことです。手入れをきちんとしていること。

「**自分の体型に合っている**」ことも大事です。

そして「**TPOをわきまえている**」こと。

こういう点が満たされていると好感が持たれるわけです。

身だしなみに気を配るということは、相手に失礼がないようにしたいという心がけです。

たとえばスーツを買うとします。

自分の主観だけで選ぶとなると、好きか嫌いかしかありません。しかし、他者からどう見えるかという点を意識して選ぶとなると、清潔で、好感度が高くて、仕事ができそうに見えるのはどれか、といったことを客観的に考えることになります。

つまり、ちゃんと自分自身というものに興味があって、自分がどういうふうに見えているのか、自分をどう演出したいのかを考えているということ。「周りから場をわきまえていて、誠実な自分をアピールするのが身だしなみ。「周りから信頼される自分」をアピールするのが、身だしなみなのです。

自分自身がどう見えているかを意識できない人は、仕事をしていても気配りができないのではないかと思わせます。

せっかく一緒に仕事をするなら、やはり気づける人、意識の高い人と仕事をしたいと思いませんか。

29

「第一印象はやりなおせない」ことをもっと意識する

女性は、装うことで自分が人にどう見られるかということを、つねに意識しています。それに比べると、男性は自分の「見え方」にあまり関心がない人が多いようです。

自分が相手にどう映っているかを、もっと意識したほうがいいと思います。

自分にもっと関心を持つこと。**服装というのは、ただ身を包んでいる衣類というだけではないのです。自分を表現するための強力な武器のひとつ、ビジネスにおける大事なアイテムだという意識を持つべきです。**

「人は中身だ。見映えなんか大した問題じゃない」

これは正論です。実際、人は中身です、ハートです。

しかし、その中身を知ってもらうには、まず見映えが大事なのです。

どんなに中身に自信があっても、不潔で仏頂面をした人と親しくなりたいと思う人はいません。人はまず見た目の印象で判断します。

CA時代に先輩から、"You never get a second chance to make a first impression."「第一印象はやりなおせない」という言葉を教えられまし

たが、まさにそのとおり。最初にチャンスをゲットしなければ次の機会はやってこないのです。

「この人ともっと話をしてみたい」「もっとこの人のことを知りたい」、そう思ってもらうには、まず好印象を持ってもらわなければいけない。相手の心をこちらに向かせなければいけない。

自分が醸(かも)し出(だ)すものすべてが自分の品質であり、それが相手にとって興味が持てる、価値があると思われなければ、あなたのことは誰も選んでくれないわけです。

中身は、コンタクトをとれるようになって、お付き合いがはじまってからようやくわかるようになるものなのです。

だからこそ、身だしなみの徹底が意味を持ちます。

身だしなみとはファッションや外見だけではありません。言葉遣いや姿勢、立ち居振る舞いも含めた総合的な自己表現だと認識しましょう。

30

高価なスーツをまとうより、「手入れ」で差をつける

自衛隊員から転職されて、資生堂でメンズ製品の商品開発などをされている原田忠さんという方がいます。

講演会で話されていたのですが、自衛隊時代に「靴を鏡に、ズボンの折り目でひげを剃れ」と教えられたそうです。靴はつねに鏡にできるくらいにピカピカに磨いておきなさい、ズボンのラインはひげを剃れるくらいにピシッと入れなさい、というわけです。

たしかに、靴とズボンのラインがきれいな男性は、とてもきちんとしていて信頼できそうな印象です。

男性の身だしなみでは、靴の比重がとても高いのです。相手の弱みにつけ込んで強い態度に出ることを「足元を見る」といいますが、昔からこんな言葉があるくらい、履き物で人を見るところがありました。

昔は足袋に草鞋でしたから、高価であるかどうかが見られたわけではないでしょう。「手入れ」をしているかどうか、そこまで気を遣う余裕があるのかどうかが見られていたのだと思います。

帝国ホテルの地下の靴磨きのコーナーを通りかかると、いつも素敵な紳士が座っています。あそこで靴を磨いてもらうのは、ひとつのステータスといってもいいでしょう。忙しいスケジュールの中で、わざわざそのために時間を割いている。それが手入れをする気持ち、心の余裕です。

靴を磨いてもらっている方々が、二十代、三十代のころからそうできていたかどうかわかりませんが、きっと若いころから手入れの大切さをわきまえていたから、いまもその精神があるのだと思います。そして若いころは自分でせっせと磨き、いずれはあそこで磨いてもらえるようになりたいと思って、がんばってきたのではないでしょうか。

私も、手入れに関しては一家言あります。

CA時代、みんな同じ制服だからこそ、ひと手間で差がつくと考え、クリーニングから上がってきた制服に必ず自分でアイロンをかけなおして着ていました。

とくにシャツの襟や袖口には神経を遣いました。

襟の表側に糊づけをしてアイロンをかけると黄ばんでしまいます。裏に糊づけして裏からアイロンをかけると、表はきれいなままでピンとなり、いつもきちんと気持ちよく襟を立てていることができました。

スカーフは顔のまわりに巻くのでファンデーションがつきやすいのですが、素材がシルクなので毎回クリーニングに出しているとハリを失い、ヨレヨレになってしまいます。そこで普段はベンジンで軽く叩いて拭き取り、しわをアイロンで伸ばしていました。

エプロンはノーアイロンで済む素材でしたが、私はこれにもアイロンをかけていました。

「里岡さんの制服は、同じ制服とは思えない」と周りから言ってもらいましたが、そのコツは、他の人よりひと手間かけることだったのです。気持ちを込め、時間をかける。それが他の人とはひと味違う私ならではのものになり、ひいては私の付加価値になったのです。

男性の場合、自分でアイロンかけをしたり、ズボンのプレスをしたりするのがうまくないのであれば、こまめにクリーニングに出しましょう。高価なものを買

うよりは、そういうところにお金をかけたほうが、絶対に見映えがするはずです。

31

男性の魅力は小さな努力の積み重ねで決まる

身につけるものだけでなく、もちろん、からだの手入れも大切です。

男性で気になるのは、髪、爪、ひげの剃り残し、鼻毛、顔のテカリなど。意識して清潔さを心がけるしかありません。

女性はいろいろこまやかに気を遣っていると思いますが、私自身が意識しているのは肌や髪の艶(つや)です。

とくに肌の艶がないと、疲れているように見えてしまいます。クリームなどで外側からのケアもしますが、私は食べるものにも注意をして、からだの内側から代謝をよくして、みずみずしい肌でいられるようにということをいつも考えています。

また、ちょっと疲れぎみのときは、どんな色のチークや口紅が健康的で溌剌(はつらつ)とした顔色に見せてくれるかということも考慮します。

自分でいちばん気づきにくいのが臭い(におい)です。

周囲の人は不快に感じていても、言いにくい部分でもあります。体臭や口臭によって周囲に不快感を与えることを「スメル・ハラスメント」と呼びますが、最近はからだから発散される臭いそのものだけでなく、洗濯のときに用いる柔軟剤の芳香がきつくて周囲を悩ませるといった新たなスメハラもあるようです。

臭いは目に見えず、自分は慣れてマヒしてしまいがちなので配慮が必要です。

人に不快感を与えないように注意することと、自分をよりよく見せることは表裏一体です。

たとえば、**シャツの襟が抜けてしまっていると格好悪い**。それだけでちょっと間抜けな印象になってしまいます。座ったらつねに前に引っ張る。

座るとスカートやズボンに座りじわができます。私には、それが何も考えずに無造作に座ってついたしわなのか、気を遣って座っていてついたしわなのかがわかります。座るときにちょっと手を添えて注意するだけで、しわの入り方も変わってくるわけです。

男性のネクタイのゆるみも同じです。人と会う前には必ず確認する。

これらのひと手間の心がけが、いずれ大きな「価値」につながると思っています。

あとは**姿勢に気をつけ、猫背にならないこと。**

座って脚を組むときも、どっちに組んだほうが自分にとって自然なのか、脚をどの角度で流したらきれいに見えるのか。

そういう小さなことの積み重ねが、その人をエレガントに、より魅力的に見せることにつながっていきます。

自分の脚がいちばんきれいに見えるスカート丈はどこなのか。

男性のズボンの場合なら、タックがいくつあるとお腹まわりがすっきり見えるのか。

ズボンのタックのあるなしにも流行(はやり)はあります。たとえ流行が細身のノータックが主流になっていても、自分のいまの体型ではノータックはちょっときついと思ったら、自分のからだに合ったタックのあるものを身につけたほうがいい。そのほうがすっきりスマートに見えます。

シャツのカラーも、ちょっとした違いで見え方がずいぶん変わる部分です。自分の首の長さや太さによって、これがいちばんすっきり見えるというものが必ずあります。

トレンドを意識する余裕があるのは悪いことではありませんが、いまのトレンドがこうだからといって、何でもかんでも右に倣えすることはありません。自分に何が似合っているのかを知ることは、とても大切なことだと思います。

32

いまの体型に合うものを着る

自分に似合うものをきちんと知るということでは、サイズが合っているかということも大事なチェックポイントです。

意外とサイズが合っていないものを着ている人を多く見かけます。

とくに、ちょっと大きめくらいだと安心して着てしまうのです。小さめだと窮屈で、見た目にもわかりやすいのですが、少しゆったりしている程度なら「まあ、いいか」と思ってしまう。

着るものに無頓着な男性は、とくにサイズが変わらなければ、傷んで着られなくなるまでずっと着ていたりします。

関心がなくて着続けているのと、ものを大事にする気持ちから着続けているのとは、ちょっと質が違うものだと思います。

スーツでもやはり流行(はや)り廃(すた)りはあります。襟の形や肩パッドの入り方、ウエストのシェイプ加減、ズボン幅などが違いますから、同じサイズでも、いま現在のものとはフィット感がかなり違ってきます。

流行に振り回される必要はありませんし、自分がいいと思わない流行を取り入れる必要はまったくないのですが、**いま現在の自分の体型、サイズに本当に合うものを知っておくことは必要です。**

新しく買いに行ったときには、同じ品のワンサイズ下のもの、ワンサイズ上のものを試着して、そのフィット感を確認してみてはいかがでしょう。**ジャストフィットするものは着心地もよく、見た目もいちばんすっきりして見えます。**

少し太っても大丈夫なように、ちょっと大きめを選ぶというようなこともしないほうがいいのです。

いまの自分をよりよく見せるためのベストチョイスをすべきだと思いませんか？

33

一流の男は
スーツを肩で着ている

「スーツは肩で着る」とよくいいます。**肩幅にきちんと合っていると上着の重さが背中の中心に乗るため、重さを感じにくく動きやすいのだそうです。**単に見た目の問題だけではないのですね。

スーツには、さまざまなお約束、ルールがあります。一つひとつに意味があり、そうすることで見た目も美しいし、動きやすいという利点があります。早めに覚えてしまえば、スーツ姿が板につきやすいだけでなく、自分自身、軽快に仕事ができるのです。

たとえば背広の上着丈は、お尻が隠れる程度がちょうどいい。長すぎても短すぎてもバランスが崩れます。

上着の袖口から見えるシャツの袖丈も、大切なポイント。ジャケットの袖から一～一・五センチくらい出ているのがいちばんきれいです。

フロントボタンは二つボタンのときも三つボタンのときも、いちばん下のボタンは留めません。スリーピースのベストも、いちばん下のボタンは留めない。立っているときはボタンを留めるのが正式ですが、座ったときはボタンを外します。くだけすぎに思えるかもしれませんが、そのほうが上着に変なしわも入らず、動きやすいからです。

上着の外ポケットは基本的に飾りと思ってください。せいぜいハンカチなどの薄いものを入れる程度。**ポケットが膨らんでしまうまで、あれこれ突っ込むのはタブーです。**

同様に、ズボンのお尻のポケットに財布やスマホなどを入れるのも禁物です。とくにお尻のポケットから長財布が半分顔を出しているのは、品がいいとはいえませんね。

日本人はポケットにものを入れるのが好きです。

そもそも欧米ではシャツに胸ポケットはついていません。あれは「ワイシャツ」という形で日本独自のシャツが開発されていく過程でつけられたもの。胸ポケット付きのシャツがあるのは基本的に日本だけです。また呼び方も正式には「ドレスシャツ」となります。

シャツの下にはアンダーウエアは着ないのが正式なルールです。もともとシャツ自体が下着から進化してきたものなので、素肌に着るものなのです。

ただし高温多湿な日本の気候では、シャツが汗でべったり貼り付いてしまったり、汗臭さのもとになったりしやすいので、それを防ぐエチケットとしてアンダーウエアを着るのもありだと思います。その場合、白かベージュのVネックかクルーネックがいいでしょう。

ネクタイの長さは、剣先がベルトにかかるくらいがベストです。長すぎると上着の下からのぞいてしまいますし、短すぎると胸開きから剣先が出てしまいやすくなります。

ベルトと靴、いわゆる革モノは色をそろえているとすっきり見えますし、靴下の色も靴に近い色を選ぶと落ち着いて見えます。

さあ、どうでしょう。あなたはいま、どのくらいスーツのルールを守れていますか。

ルールがあるというのは、とてもやりやすいことなのです。

とくに男性は、「なぜそうあるべきなのか」という理屈がはっきりしていると受け入れやすくなると思います。早くマスターして、自信を持ってスーツライフを楽しんで送っていただきたいと思います。

34

いつも〝黒スーツ〟を選ぶのではなく、自分の価値観で服を選ぶ

あなたは自分に似合うものが何かを知っていますか。

ブランド好きな人が多いですが、いちばんつまらないと私が思うのは、「どこのブランドだからいい」という刷り込み、思い込みです。

実際にそのブランドのものを身につけて、他よりも着心地がいいとか、自分に合うから好きだと思っているのならいいのですが、往々にしてただブランド名に安心してしまっているようなところがあるのではないでしょうか。

ブランドものというのは、興味のある人、知っている人は「ああ、これはどこの何年のシリーズね」というようにわかってしまうものです。値段もわかってしまいます。

それよりは、**何でもないものなのに、素敵に見えるほうがずっといい**。「わあ、素敵ですね。すごく似合っている」とか「どこで見つけてくるの?」と言われるほうが、ずっと価値があると私は思います。

自分のテイストに合っているものは何なのか。高いものがいいわけじゃなく、値段が安くてもコストパフォーマンスが高いものはいろいろあります。どこのブランドだからいいというものでもありません。**素材だとか、形だとか、自分のアンテナに引っかかったものを大事にする。それが自分の価値観です。**

身につけるものも、自分のモノサシで善し悪しを判断する。そういう感覚、姿勢を養っていくことが大切です。それがその人のセンスになっていくのです。

それには場数を踏むしかないと思います。

カッティングひとつでも見え方、着心地はまったく違います。同じサイズでもブランドによってはまったく違って見えるものです。

これを着るとスマートに見えるというものもあれば、しゃれていて素敵だけれど、自分の体型をよく見せてくれないものもあるわけです。

そういう中から、自分に合っているブランドやメーカーを知るのです。

私が最近、没個性でつまらないなあ、と感じるのは、就活中の学生さんの格好です。就活マニュアルで勧めているのでしょうが、みんな一様に黒っぽい無地のスーツを着ています。しかも、あちこちたくさん訪問しているのでしょう、スーツもシャツもヨレッとしていて、靴も汚れています。

心の余裕がなくなっているのかもしれませんが、まずはそのお手入れをして、人とはひと味違うところを見せられなければ、選んでもらうことはできないと思います。

さらにいうなら、みんな同じような黒っぽいものを着るのではなく、自分に似合う色、たとえばネイビーだとかチャコールグレーだとか、顔を引き立ててくれる色のスーツで勝負をしたほうが有利なのではないか。少なくとも私が面接官だったら、そんな視点からもチェックするような気がします。

人と同じで安心してはいませんか？

35

自分を成長させれば、ブランドに「着られる」ことはない

ブランドものというのは、着る人を選びます。品格としても、体型としても、それなりに着こなすだけの力量が要ります。

韓流スターのLさんがいまほど有名になる前のこと。私の乗務していた飛行機に乗られたことがありました。

英語でお声をかけたのですが、そのころはまだ英語や日本語は勉強中のようで、一緒にいた隣の男性と韓国語で話し、それをその男性が英語か日本語で私に伝えてくれるというコミュニケーションのとり方でした。英語で話しかけられることにも少し戸惑われていらっしゃるようで、視線もどこか自信なさげで落ち着かない様子でした。

ジャケットをお預かりしたのですが、それはヴェルサーチのものでした。

私は失礼ながらそのとき彼を知らなかったため、一瞬「ヴェルサーチを着ていらっしゃったのですね」と思いました。そのときの彼の印象は、ヴェルサーチのスーツより弱く映っていたのです。

しかしいまや彼は、ハリウッド映画でも活躍している押しも押されもせぬアジアの大スターです。残念なことにそれ以降お会いする機会がないのですが、きっといま会ったら、まったく違うオーラを放っているでしょう。英語も話せるようになられていますし、からだつきもかつてとは違います。自分の欲しい役を取るために、相当鍛えて、からだもつくり上げていらっしゃる。

いまヴェルサーチのジャケットを着ていたら、彼は完璧に着こなせていることでしょう。いえ、もはや彼はブランドの力を借りなくても存在自体がすでにスペシャルに映ることでしょう。ですから、もう着なくなっているかもしれません。

プレゼンスが変わるだけでこんなに変わるという一例です。

同じ人でも、その人自身が成長して大きな存在になれば、同じブランドものでも見え方はまったく変わる。

服に「着られてしまう」のか、「服を着こなす」のかは、本人の生き方次第、成長次第で大違いなのだと思います。

36

上質をいとおしむ気風が一流の条件

CAは機内でコートやジャケットをお預かりするときに、そのブランドだけではなく、感触、肌触りも実感します。

皇室の方々は、基本的にタグのついていないものをお召しになっています。たぶんお仕立てになっていらっしゃるからだと思いますが、こだわりの素材のものを、丁寧に着ていらっしゃるという印象があります。

美智子皇后陛下（現上皇后）は、控えめで素材にこだわられたいいものを長くご愛用されるのがとてもお上手です。バッグや靴はいつもお手入れをされて大事に使われていますし、お召し物も、コサージュをつけられたり、お帽子を換えられたりして変化をつけていらっしゃいます。

知り合いの大きな病院の理事長先生はいつも颯爽とスーツを着こなしている方ですが、あるときとてもクラシカルなスーツを着ていらしたので「今日はなかなかしぶいですね」と私が言うと、「おやじが死んで整理していたら出てきたんだ。もったいないから着てるんだよ」と答えられたのです。

たしかにいまの感覚でいうとちょっと年代物だなという印象なのですが、いまのものにはない重厚感と何よりストーリーがあります。

デパートの外商の人がブランドもののスーツをいくらでも持ってきてくれる立場の方が、そうやってお父さまのものを受け継いで着ているところが私にはとても素敵に見えました。

昔は、いい着物や帯は母から娘へと受け継がれていったものです。

まずはお父さんやお母さんが若いころ大事に着ていたものに触れてみるところからでもいいでしょう。**上質なものをいとおしむ気風というのは、まごうことなき一流の条件**だと思います。

37

エレガントさを意識すると、男っぷりが上がる

元銀行家でもあるイタリア人紳士、ヴィットリオさんは、私に本物とは何か、一流とは何かを折に触れて教えてくれる人生の師のひとりです。

イタリア北部のコモ湖畔にあるヴィラ・デステというホテルで、ヴィットリオさんとテニスをしたことがありました。世界的に名高いラグジュアリーなホテルです。

ヴィットリオさんはそこのテニスクラブのメンバーで、ホテルのジェネラルマネージャーとすごく楽しそうに会話をしていました。イタリア語だったので私には何の話かわからなかったのですが、あとから聞いたところによると、**互いが着ているシャツとスーツの話で盛り上がったのだそうです。**

ヴィットリオさんは当時七十代半ば、ジェネラルマネージャーの方もそこそこのお歳の紳士でしたが、その**ご年齢の男性たちがニコニコと嬉しそうに洋服について情報交換をしているなんて、おしゃれ好きなイタリア男性だけあるなあ、と思いました。**

イタリアでは「シャツはナポリでつくれ」といいます。ナポリの綿は、シルクのように光沢があって柔らかく、着心地が抜群なことで知られているのです。カラー、カフス、ボタンなどにも特徴があります。

そして二人の話はシャツからスーツに移りました。彼らのお気に入りのスーツのいちばんの特徴は袖つけの部分です。細かいギャザーが入ったような形で袖がつけられているので、ほんのわずかですが、パフスリーブのように袖が盛り上がるのです。彼らはそれを指して「エレガントでしょ?」と、それは嬉しそうに言います。

ブリティッシュスタイルのスーツは、しっかりした厚めの素材で、フォルムも直線的にがっしりつくられます。肩のパッドもしっかり入り、シャツも直線的でかっちりした雰囲気です。

それに比べるとイタリアンスタイルのスーツは、生地も薄めで柔らかな素材を用いて、ウエスト部分を少しシェイプさせたフォルムです。肩パッドも薄い。それに合わせて着るシャツもまた、ちょっと柔らかなシェイプがある。ブリティッシュスタイルに比べると、すべてが柔らかい印象です。イタリア人はそういうものが好きなのです。

ちなみに彼らは、ルールどおり、シャツの下にアンダーウエアは着ません。素肌にシャツをまとうこともあって、シャツの肌触りを大切にするのでしょう。

私たち日本人はエレガントというと女性のための形容詞だと思いがちですが、**男性ももっとエレガントさを意識するほうがいいと私は思います。シャツの素材やちょっとした形に着目するだけでも、男っぷりが上がるのです。**

若いうちから、いいものを知り、それに触れてみること。いきなり持つことは難しいかもしれませんが、機会があれば身につけてみることです。そしていつか自分がそういうものを身にまとえるようになる、ということを考えるといいと思います。

「いつかナポリでシャツをつくろう」という気持ちを持つだけでも、楽しみが増えるというものです。

上質の心地よさを、リアルに肌で知る。ナポリのシャツは、完全なハンドメイドになると値が張りますが、リーズナブルなものもけっこうあって、旅行のときに注文すると、できたら送ってもらえるシステムもあります。

素材がいいものを着ていると、やはり気持ちがいいですから、心に余裕が生まれる気がします。

38

男の背中のS字ラインが魅力をつくる

清潔感があって、ＴＰＯをよくわきまえていて、サイズが合った似合う装いをしていても、「素敵だな」と思ってもらえる人ともらえない人とがいます。**最大の決め手はからだにあります。**

「貧相」という言葉があるように、不健康そうでひょろひょろっとした人は、身だしなみが行き届いていても、どうしても貧弱に見えてしまいます。

そもそも日本人は骨格が平べったいという特徴があります。欧米人は基本的にからだに厚みがある。骨格そのものががっしりしていて胸板が厚いのです。

洋服というのはそういう体型に合わせてつくられ、発展してきたものなので、貧相なからだで着るスーツはなんとも情けないものに映ってしまうのです。

また最近は、年齢とともにメタボリックシンドロームになって、お腹まわりにたっぷりと脂肪がついてしまう人も増えています。たしかにからだの厚みは出ますが、それは素敵と思ってもらえる方向とは逆走していますね。

ＣＡ時代は、制服のサイズを変更するには上司の許可が必要でした。**体型を維持することはプロ意識の基本と見なされていたのです。**

エグゼクティブがいつでもどこでもジムでからだを鍛えることを怠らないというのは、世界の名だたるホテルが昔からフィットネスジムを用意していることでもわかります。

いきなりホテルのジムの会員になれとは言いませんが、**からだを鍛えることは身だしなみの重要な要素と考えてほしいと思います。**

そして、まずは自分の身の丈に合ったやり方で、エクササイズ、トレーニングの習慣を生活のリズムに組み込んでください。

ウエストがキュッと絞られた女性のボディラインはセクシーですよね。それは男性も同じだと思います。

とくに、いい筋肉がついていると肩から背中にかけてきれいなS字ラインを描き、とてもセクシーです。腹筋が割れるところまでいくのはなかなかたいへんですが、肩から背中のS字ラインは、コンスタントに鍛えていれば維持するのはそれほどむずかしくありません。

男の背中のS字は、その人の魅力を雄弁に物語ります。

そして、**つねに姿勢に留意することです。猫背にならない。**背筋を伸ばすと自然に胸がぐっと押し出される格好になるので、堂々として自信があるように見えるのです。

いつも背筋がピンとして姿勢がよく、引き締まった筋肉質のご年配の方に、「ジムにはどのくらいの頻度で行かれるのですか?」と聞いてみましたら、「僕はジムなんか行ってないよ。ただ、ずっと剣道をやっていて、毎朝素振りをしてますよ」という答えが返ってきたことがあります。

ジムに行ってマシンを使ってからだを動かすことだけが鍛えることではありません。自分の好きなことを通して、毎日の習慣としてずっと続けている。それが結果として自己鍛錬につながっているというのは、いちばん自然なスタイルで、これならすぐに取り入れられるのではないでしょうか。

39

「いつか、あの人のように」というお手本を持つ

私には子どものころからずっと憧れている叔母がいました。日頃から水泳で鍛えたからだに、バレンティノのスーツを着て、ハイヒールでリズミカルに歩いていました。その姿がとても格好いい。

車はアルファロメオ。アクセサリーは、「森暁雄（もりあきお）」というオートクチュールのジュエリーデザイナーの方のものを愛好していて、その方の作品は個性的なので、ともするとつけている人が負けてしまうのですが、叔母は全然負けていなくて、いつも素敵につけていました。

その叔母が私の憧れであり、「いつかはあの人のようになりたい」というお手本だったのです。

叔母が着ていたころのバレンティノは、ある程度身長があってスリムな体型でないと似合わなかったのですが、叔母はかなりの年齢になってもずっとスリムな体型のままで、素敵に着こなしていました。

私の頭の中にはつねに彼女の姿があって、ああなるにはどうしたらいいかということを考え、イメージして自己管理をしてきました。

「やっぱりあのスーツを着るには、からだづくりでしょ」「いくらあんなふうにスーツを着ようとしても、からだがこれでは全然違う印象になってしまうから、からだをつくらなくては」、そういうところが理想の自分の軸になっています。

では、いま私がバレンティノのスーツをいつも着ているかというと、そんなことはありませんし、森暁雄さんのジュエリーもまだ一つか二つしか手にすることができていません。でも、向かっていく方向がはっきりしていると、それだけイメージが具体的になります。

仮に一生なれなくてもいいのです。ずっと憧れて、「あの人のようになりたい」というイメージが自分の中にあれば、なりたい自分の像はブレません。

自分をプロデュースしていくうえでは、何かそういうロールモデルとなる存在がいるといいと思います。何もかもその人を真似しなくてもいいのです。その姿の何を自分はいいと思うのか、そのエッセンスをお手本とするわけです。

周りを見まわしてもどうもそういうお手本が身近にいないようであれば、そういう人に出会えるような場に積極的に出向いてみる。向こうから勝手にあらわれてくれるわけではなくて、自分から探して、いろいろ人間ウォッチングをしなくてはなかなか見つかるものではありませんよ。

40

他人の意見を受け入れることで、センスは磨かれる

お手本を見つける以前に、そもそも自分に何が似合うのか、どういうスタイルが自分にふさわしいのかわからないという人もいるでしょう。そういう人は、まず**いろいろ質問したり、アドバイスをしたりしてもらえる人を見つけましょう。**

たとえば、顔見知りの洋服屋さん。服を買うときに、自分に合ったものを勧めてくれた、その人のアドバイスを聞いて買ったらとても着心地がよかった、という経験があったら、その人のところに行って「前に買ったときにとてもいいアドバイスをもらったので、またお願いします」と言えば、快く相談に乗ってくれるはずです。

親しくなれば、もっといろいろな相談ができるようになります。

最近は、ファッションに関する相談に乗ってくれるコンシェルジュ的なサービスもあります。そういうサービスを利用してみるのもいいでしょう。

人にアドバイスを求めながら、「え〜っ、それはちょっと……。僕はこっちでいいです」と**保守的な選択をしていると、自分に本当に似合うものと出合うきっかけを減らしてしまいます。**自分の感覚からすると「えっ、これ？」と思うようなセレクトをされても、相手はその道のプロなのですから、プロの選択眼を受け入れて、まずは試着してみましょう。自分ひとりで洋服選びをしているときとは違うかたちで、自分に似合うものに出合える可能性があります。

もちろんときには失敗もあるでしょうが、**センスというのは、まずはいろいろなものを受け入れてみることで磨かれていくのです。**

昔はオーダーでスーツをつくるには二、三十万円かかっていましたが、いまはパターンオーダーなども自在になって、お手軽に自分の体型に合ったもの、好みに合ったものをつくることができます。いつも既製品を買うだけではなく、ちょっとカスタマイズすることも考えてみてください。自分に合わせたものをつくることの心地よさを味わってみることは、いい経験になると思います。

会社で昇進したり、転職してステージが上がったら、自分の持っているもの、身のまわりのものを見直すタイミングです。

役職が変われば、人の見る目も、期待度も変わります。それに見合ったものを持つことは自分を演出する上でも非常に大事なことですし、**グレードを上げたも**

のを持つことで、自信がつくということもあります。

ペンを替える、カバンを替えるといったことからでもいいと思います。

41

一流の身だしなみの共通点は、さりげないこと

本当に一流といわれる人の身だしなみの共通点は、「さりげない」ことです。神経が行き届いているのはわかる。けれど、特別に目立ちはしない。

一流の人は、控えめにしていても自然と人の注目を集めてしまうもの。悪目立ちするような格好はけっしてしません。それが品格となって人の目に映っているのだと思います。

とくに男性の場合、ファッションや身なりに気を遣いすぎて、がんばりすぎてしまうと逆効果です。

おしゃれすぎると、「この人、ファッションのことばかり考えているのかな」と思われてしまい、人間的に軽く見られることがあります。

自分のスタイルとして貫いているものがあるのは、それはそれでいいのですが、いつも目先の流行を追っているのは中身が透けて見えてしまうということもあります。

さりげなくいきましょう。

若い人で、眉毛を整えすぎている人がいますが、あまりやりすぎると女性はだいたい引くものです（笑）。

歯も、タバコのヤニだらけなどというのはいただけませんが、白さもほどほどがいいですね。

ときどき、とってつけたように歯を真っ白にしている人がいます。一時期、アメリカ人の間で白い歯がもてはやされたことがありますが、それもいまや過去の話。いまでは人工的に過剰に白い歯は、「便器のように白いね」などと揶揄（やゆ）されてしまいます。

女性のメイクも、やりすぎはよくありません。

最近、日本では目が大きいことがいいことだという傾向に拍車がかかって、長いつけまつげをつけて、目のまわりを真っ黒に塗っている人がいますが、本人が思っているほど人はそれを美しいとは見ていません。

やりすぎないバランス感覚こそが、身だしなみのポイントなのです。

Part Ⅳ

一流の人の気配り

How to Distinguish First-class Persons from Others

42

周りのすべての人が傷つかないように配慮する

私は、十五年間天皇皇后両陛下（当時）のお乗りになられる特別機に乗務させていただき、おそば近くでお世話をさせていただいておりました。

天皇陛下も皇后陛下も、ご自分たちがどれだけ周りから気を遣われているのかをたいへんよくご存じです。そしてどんなことに対しても、つねにこまやかに心を砕いていらっしゃいます。

たとえば**往復のお供をする場合、美智子皇后陛下（現上皇后）は帰りの飛行機にお戻りになられたときに、「ただいま」とお声をかけてくださいました。**その一言に「帰りもよろしくね」というようなお優しさと温かみが感じられて、とても嬉しく思ったものです。

というのも、私たちは機内でお出迎えをする際、最敬礼でお迎えします。頭を上げてはいけないのです。ですから、視線を合わせてご挨拶をすることができません。しかし、その緊張した雰囲気を皇后陛下の「ただいま」というお声がけによっていつもふわりとほぐされるような感じでした。

こんなこともありました。

お食事をしていただく前に、お席のテーブルに私がクロスをお掛けしていたときのことです。

三席並んだ座席の窓側に天皇陛下がお座りになられ、皇后陛下がそのお隣にお座りになられます。飛行機の座席は、窓側、通路側に比べて、両側をはさまれているお席のほうがほんのわずか広くなっています。両サイドを人にはさまれると圧迫感を感じやすいので、そういう設計になっているのです。

座席が若干広いということは、テーブルも大きいわけです。そこで、天皇陛下のお席のテーブルにお掛けしたテーブルクロスと同じ大きさのものを皇后陛下のお席のテーブルにお掛けすると、クロスの垂れ幅が違って見えます。

私がテーブルにお掛けした瞬間に、皇后陛下はさっとそのことにお気づきになられたのです。けれども、「あら、クロスの大きさが違わないかしら？」などとはけっしておっしゃらない。それまで黙っていらしたのですが、「あら、外に見えるあれは何かしら？」とおっしゃったのです。

少し離れた後ろのお席に座られている侍従や女官の方々は、つねに両陛下のご様子に注目されていらっしゃいます。何か不行き届きがあったとなれば、女官の方々も気になられて機内でくつろぐことができませんし、何か落ち度があったとなれば接遇している私が叱られることになるでしょう。そういったことを瞬時にご配慮されて、おつきの方々の意識がよそに向かうように、**とっさに私のことを気遣ってくださったのだとすぐに察知しました。**

私は小声で「中央のお席はテーブルが少し大きいので、四隅が少し出ております」と申し上げて、皇后陛下に大丈夫であることをお伝えしました。皇后陛下は「そうなのね」というようなかすかな安堵(あんど)の表情で優しく微笑んでくださいました。

このように、**皇后陛下はいつも周りをよくご覧になっていて細かなことにも気がつかれるだけでなく、とっさの機転や心配りが素晴らしいのです。**誰かが傷つかないように配慮するということを恒常的におやりになっていらっしゃるおふたりのお心遣いにいつも感激し、同時に心から感謝しておりました。

43

両陛下のお気遣いに学んだ大切なこと

両陛下は、フライト中にお出ししたものを、お選びになられるようなときには、「これをください」と具体的におっしゃいます。

あるとき、フライトが午後だったので、お食事ではなく、お茶とお菓子を供したことがありました。

小さいサイズのロールケーキとモンブランの二種がアソートになったものでしたが、美智子皇后陛下（現上皇后）はメニューをご覧になられてお選びになる必要があると思われたようで、「私はモンブランをください」とおっしゃられました。

私が「ワンプレートに盛りつけられているもので、一口サイズでとても小ぶりです。たぶんお召し上がりになれると思います」と申し上げると、皇后陛下は「そうかしら、食べられるかしら」とちょっと不安そうにおっしゃいました。

すると、天皇陛下（現上皇）が「大丈夫ですよ」と笑みをたたえながらおっしゃったのです。天皇陛下のお言葉に、皇后陛下もすぐに「そうですね」と笑顔でお返しになられて、予定どおりの盛りつけでお持ちすることになりました。

しかし皇后陛下はすぐにモンブランは召し上がったのですが、それからしばらくお皿を見つめていらっしゃいました。すると、それをご覧になった天皇陛下は、皇后陛下がお召し上がりになれそうにないご様子を察して、さっと助け舟を出されたのです。

もちろん、これは移動の機内という私的な空間だからこそだと思うのですが、その様子があまりにも自然で、仲睦まじくて、私の心にジーンと残りました。**おふたりは周囲の人々にいろいろ気を遣わせないために、いつもこうやっておふたりで支え合われて対応されてこられたのだろうなあ、**と思わずにはいられない一コマでした。

44

話をしている相手と丁寧に向き合う

テレビを見ていましても、美智子皇后陛下（現上皇后）が天皇陛下（現上皇）を支えていらっしゃるお姿を拝見することができますが、実際、**皇后陛下はいついかなるときでも、天皇陛下への敬意の念をお持ちになっています。**それが仕種にもよくあらわれているのです。

天皇陛下がお声をおかけになると、必ず「はい」とお答えになって、からだを天皇陛下のほうにお向けになる。顔だけお向けになるのではなく、座っていらしたら座り直して、からだごと天皇陛下のほうにお向けになるのです。

話している相手にからだを向けるというのは、敬意をあらわすマナーの基本ですが、私たちは普段の生活でそれができているでしょうか。長年連れ添ったご夫婦でありながら、天皇陛下を尊敬なさり、全身全霊でお支えしようというお気持ちを片時もお忘れになることがないのです。そして天皇陛下も、いつも皇后陛下に対して笑顔で優しい眼差しで見ておいでになる。そのかたい絆が、行動の一つひとつにあらわれているのだと思います。

天皇陛下に対してのみならず、そのときどきの相手に対して丁寧に向き合う皇后陛下のお姿は、被災地訪問などの光景でもしばしばお見受けすることができます。いつ、どんな場でも、誰に対しても、本当に相手を思いやる気持ちをお持ちなのです。

同時に、いつも明るく軽やかで、そしてユーモアやウィットもおありなのです。

あるとき、機内で皇后陛下が私に、「里岡さん、トビシマってご存じ？」と尋ねられました。私が聞き違いをして「トリシマでございますか？」と言いますと、「ううん、ジャンプの飛島」と、手をパタパタとさせて、飛魚がジャンプする感じの身振りを添えられながらニコニコおっしゃるお姿は、とてもチャーミングでした。それ以上にその「ＪＵＭＰ」という言葉をとっさにお選びになる**皇后陛下の言葉選びのセンスに感銘を受けました。**

山形県の沖合に飛島という島があり、皇后陛下はそのことを言っておられたのです。ところが私は不勉強で、そのとき飛島のことをよく知りませんでした。そこで「存じあげません」とお答えすると、「私も知らなかったのよ」とおっしゃられたのです。ご存じだったに違いないのですが、私が知らないことで恥ずかしい思いをしないように、合わせてくださったのです。

お心配りがいつもとても温かい。**皇后陛下のお近くにいると、接遇させていただいているこちらのほうが、皇后陛下のお心遣いというおもてなしを受けているような心地がしたものでした。**

45

返事は速く、ポジティブに

一流の人ほど、こちらを喜ばせるような反応をしてくださるものです。

国際線に乗務していると、「香港でいいレストランを知らない？」といったご質問を受けることがよくありました。お客さまのご要望を伺いながら、そのときどきの評判のいいお店をご紹介します。

エグゼクティブの方はわりと頻繁にお乗りになります。次にまたフライトでご一緒したときに「前に教えてもらったあそこ、行ったよ」と言っていただいたりすると、やっぱり嬉しいものです。

それをきっかけに、さらに新しい情報をお伝えしたりして、そこに気持ちのいいコミュニケーションができていきます。

機内のことに限らず、日常生活の中での知り合いに対してもそうだと思います。

これはぜひお勧めしたいと思ってお届けしたものについて、「この間差し上げたあれ、試してご覧になりました？」と聞いても、「ああ、そんなのあったね」と言われると、がっかりします。こういう人にはいいものをお勧めしてもつまらないな、という気になってしまいます。

一流の人はお返事も速い。即座に「ありがとう」というお礼のメールやお手紙をくださって、感想などが書き添えられています。そこから、「この方はこういうものがお好きなようだ」と察することができて、どんどん互いの心に届く交流ができるようになっていきます。

人の心にいい感情、ポジティブな感情を残せるかどうか、迅速にレスポンスする能力は、スケールの大きな一流人になる大事なカギなのではないでしょうか。

前向きなレスポンスがあって、次へ、また次へと続いていく関係性と、反応がなくてそれっきりになってしまう関係性、その差は非常に大きいと思います。

46

時間がない人ほど手紙を書いている

私の感覚では、**一流の人は筆まめです。**立場的にさぞかし多忙だろうと思われる方が、すかさずお手紙でお返事をくださる。お礼状などを秘書の方や奥さまがお書きになっていることもままありますが、ご本人がお書きになることのほうが多いですね。

結局、それが「行動力」なのだと思います。

多忙でも、すっと動く。時間を見つけて、さっと書く。ご本人たちはおそらくそれを戦略的には考えていないと思いますが、**そういうことの積み重ねが、その人の印象になり、その人の人柄になっていくのだと思います。**

人柄とか印象というのは、本人がつくるわけではなく、周りが認知するものです。

いまはいつでもどこでもコンタクトをとれる時代ですが、だからこそ手紙、それも手書きの手紙の効果というものが大きくなってきている気がしています。

メールで大概のことが事足りてしまうからこそ、わざわざ手書きの手紙をもらったら嬉しさも一入(ひとしお)です。

少なくとも手書きの手紙はメールよりも手間も時間もかかっています。手書きの手紙をもらったら、たとえそれが葉書だったとしても、メールで連絡する以上にこちらのことを思う時間をとってくれたんだな、と感じられる。それだけ思いがこもったツールになっているわけです。

便利ではない方法をわざわざとることによって、相手の気持ちを盛り上げます。

年賀状にしても、いまや印刷やパソコンでつくったものよりも、手書きのほうが貴重な感じがします。

手紙を書くというのは慣れ、習慣です。書き慣れない人は、どんなことを書いたらいいのかわからないといって書こうとしないから、いっそう書けなくなるのです。**あまり形式にとらわれず、伝えるべきことをきちんと伝え、そこに気持ちがこもっていればいいと思います。**

形から入るのではなく、本質から入る。手紙のマナーも、自分が頻繁に手紙を書くようになると、自然と学んでいけるものです。

47

短い言葉で、人が喜ぶことを言える能力

トップＶＩＰ担当として、歴代総理のチャーター機に乗務することも多々ありました。

人のハートをキャッチする魅力を持っていらしたのは、やはり小泉純一郎元総理でしょうか。短い言葉で人が喜ぶことをすぐにアウトプットおできになる方です。

たとえば、機内でご用意していた新聞各紙をお持ちすると、二、三紙、手に取られてお読みになります。どれをお取りになったのかをチェックしておき、のちほどそれ以外の新聞をお持ちすると、**先ほど読まれたものは除いてあるということをさっと見てとって、「ほう、すごいね、君」と言われました。**すかさず言葉にしてくださったわけです。ちょっとしたことですが、こちらも嬉しいものです。

もちろん、そういうことに気づかれない方もいらっしゃいます。むしろそのような方が多いのです。観察力、反射神経に長けておられるのでしょう。人をよく見ていなければ、ああいう絶妙なタイミングで言葉はかけられないと思います。

そういった人の喜ばせ方を知っている方だと思いました。

短い言葉ではありませんが、思慮のある優しい言葉でジーンと来たのは、天候によるアクシデントがあったときに乗っていらした、ある会社のトップの方が言われた一言でした。

悪天候のために到着地が変更になったり、場合によっては引き返したりすることがあります。皆さん予定が狂ってしまいますから、当然不機嫌そうなお客さまもいらっしゃいます。

ところがその方はとくに不満もおっしゃらずに、機内でずっと静かに本を読んでおられました。そして**降りるときに、「機長さんに、『安全策をとってくれてありがとう』とお礼を言ってください」と言われて降りていかれたのです。**

私はすっかりその方のファンになりました。これが一流の振る舞い方なのだと学ばせていただいたエピソードです。

48

プライドを傷つけない。大切な物を尊重する

飛行機というのは公共交通機関ですから、いろいろなお客さまがいらっしゃいます。

国際線で気を遣うのは宗教上の規律に関する配慮です。とくにお食事などで、その宗教で禁忌（タブー）となっていることへの配慮が足りないと、お客さまは非常にご気分を悪くされます。それは当然のことです。

文化や生活習慣の違いもあります。たとえば日本人は靴を脱いで家に入る文化なので、長時間のフライトになると、機内で靴を脱いでリラックスされることがお好きです。ところが、海外の方の中には、靴を脱ぐということに抵抗を感じる方もいます。

ビジネスクラスでの出来事でしたが、ある日本のビジネスパーソンの方が、靴も靴下も脱いで、裸足でお休みになっていました。それ自体はとくにマナー違反ではありません。

しかし、通路を隔てたところに座っていた海外のビジネスパーソンの方が、それが目に入るのが不快で仕方ないとおっしゃったのです。ご自分も靴をお脱ぎにならないのですが、他人の裸足が目に飛び込んでくるのが耐えられないようなのです。ずっと起きていらっしゃったのですが、ものを食べる気にもなれないとおっしゃる。あいにく他に空席はなく、お席を移っていただくこともできません。苦肉の策として、裸足になっておられる方にスリッパを履いていただいてはどうかと考えました。しかしマナーに反したことをされているわけではないので、言い方によっては、その方に対して失礼になります。

その方が目を覚まされるタイミングを待ちました。そしてお目覚めになったときに「お目覚めですか。何かお飲み物をお持ちしましょうか」とお声がけし、「ああ、失礼いたしました。スリッパの場所がお気づきになりにくかったのですね。どうぞ」とスリッパをお出ししました。

その方は、「ありがとう」と言って、それを履いてくださいました。

気になるとおっしゃっていたほうのお客さまはその様子をご覧になりながらうなずいて笑っておられたので、それでよしとしてくださったことがわかりました。

どのようなタイミング、どのような言い方でアプローチするかで、人間関係に無駄に波風を立てなくて済むことがあります。

もうひとつ、印象に残っている出来事があります。

あるフライトの離陸前のことです。機内の全員がシートベルトを装着したことやその他の安全項目が確認できないと離陸できないのですが、チーフパーサーの私のところに、あるキャビンからＯＫの連絡が入りません。キャプテンからも催促が来たので、私はそのキャビンへ向かってみました。

すると担当のＣＡが「ご夫婦のお客さまなんですが、奥さまが大きなお人形をお持ちで、それを手から離してくださらず、ベルトが着用できません。何度もお願いしているんですが、どうしても聞き入れてくださらなくて……」と困り顔で言います。

そのお客さまのところに行ってみますと、たしかに大きな可愛らしいお人形をしっかりと胸に抱いて、そのお人形ごとシートベルトをされています。これでは安全確認が出せないのです。

私はしゃがんでお客さまと視線が同じになるようにしてから、その方の目を見て、「お客さまのお子さまを隣の空席に座らせてさしあげて、お子さまにもベルトをかけてあげましょう。お母さまはそのままご自身でベルトをなさってくださいね」と言ってみました。

するとそのお客さまは、「わかりました」とお答えになって、素直に隣の席にお人形を置いてくださいました。そしてお人形にも、お客さまにもシートベルトをして、無事に離陸することができました。

後日、そのご主人から丁寧なお手紙をいただきました。過去にお子さんをなくされて以来、奥さまはお人形を片時も離さなくなって、外出するときも一緒でないと出歩けなくなってしまったというのです。

「初めて、『お人形』ではなく『お子さま』と言っていただいて、家内は嬉しかったようです。『お母さま』と呼ばれたのもすごく嬉しかったようで、あれ以来少しずつ落ち着いてきて、最近は人形を置いて外出することができるようになりました。本当にありがとうございました」

やはりそういうご事情があったのです。

担当のＣＡがお人形を「荷物のひとつ」として扱うような言葉をおかけしてしまったことも間違いではありません。

しかし、その後の声がけによって、奥さまの心の中にスッと入ることができたのだと思います。

お客さまのデリケートな心に寄り添うことで、ずっとかたくなだった心もほどけることがあることを私も学びました。

49

人との関わりは、まずは「弱」からはじめる

前述のお人形を持った奥さまでもわかるように、人はそれぞれ心にいろいろなものを抱えています。

同じ言葉でも、素直に受けとめられる場合もあれば、ほんのちょっとしたことに引っかかってしまう場合もあります。機内での接遇を通して、私たちは日々そういうことを勉強させていただきました。

たとえば、足元に置かれているお荷物は安全上望ましくないので、上の荷物入れに入れていただきたいとき、普通は「足元のお荷物を上にお入れしてもよろしいでしょうか」でいいのですが、それがカチンと来てしまわれる方もいます。

そういうときは、「ご用の際はいつでもお声をおかけください」と言いながら、「お客さま、よろしければお荷物を上にお入れしましょうか」とお伺いします。

「こうしてください」というトーンではなく「よろしければ……」という形で、軽くアプローチしたほうが無難なのです。

私はこれを「入り口は『弱』、弱めの接遇で入っていきましょう」と言っていました。

誰しも心に波があるわけですね。その心のありよう、心の強弱を感じとる。弱くしてほしいのか、強くしてほしいのか。あまり関わりたくないのか、積極的に関わりたいのか。話を聞いてほしいのか、自分のほうが聞きたいのか。そういった諸々のことを含めて、最初は「弱」で入るのがいいと考えていたからです。

アメリカ人はフランクな付き合い方を好むといっても、最初からいきなりハグするわけではありません。やはり最初は普通に挨拶をして、徐々に親しくなっていくわけです。

「『弱』ってどういうことですか?」とよく聞かれます。それは、まずはきちんとご挨拶をすることです。

CAの場合「いつもご搭乗ありがとうございます。何かお手伝いすることがございましたら、いつでもお声をかけてください」でいいのです。こちらはオープンスタンスですよ、受け入れ準備ができていますよ、という姿勢をお見せすることで、**相手が声をかけやすい状況をつくっておく。相手の心のドアをいきなり開**

けようとするのではなく、ちょっと控えめに軽くノックをするというイメージです。

そして、相手の様子をよく見る。

相手が黙って何も返してこないのか、「あっ、お世話になります」とおっしゃるのか、「じゃ、新聞ちょうだい」とおっしゃるのか。そのリアクションで、そのお客さまが、いま話しかけられたくないのかなとか、きっとお仕事がうまくいかれたのだわ、などと雰囲気がわかります。

わかるというより、それができなければ、いい接遇はできないというのが私の持論だったのです。

どんなベテランでも、まずはお話ししてみなければわかりません。視線だとか表情、態度、声の出し方、話すテンポなどがその判断材料になります。聞こえているはずなのに聞こえないふりをする方もいます。しかしそれも、何か理由があるはずなのです。

「強」でいきなり入ってしまうと、失敗して相手を不快にさせてしまうこともあります。まずは「弱」から入る。これは、ビジネスにおけるネゴシエーションやコミュニケーションにも応用できると思います。

50

あなただから気づけること、あなただからできること

私は、CAにいちばん必要なものとは、人に喜んでいただきたい、楽しんでいただきたいというサービス精神だと考えていました。

CAに必要というより、いまはあらゆる仕事においてサービスというものが求められているので、誰にとってもそれが必要なのではないでしょうか。

仕事とは、必ず誰かのためになることをするわけです。人を喜ばせる、楽しませる方法はそれぞれ違うにしても、すべてがサービス業です。医師だってそうですし、教師だってそうです。お米や野菜をつくっている農家だって、公務員だって、みんな誰かのために仕事をしているのです。

講演でコミュニケーションの話をさせていただくことがよくありますが、皆さんはその仕事に習熟したい、その道で一流になりたいと考える。**じつはその技能が習熟すればいいだけではなくて、コミュニケーションにおいても一流にならなければいけないのだとお話ししています。**

先日も、自動車の整備士一級の資格をとるための専門学校でこんな話をしました。

「車だとかバイクをなおしていればそれで仕事ができている、と思っていたら大間違いですよ。その先には、それを使うユーザーがいます。修理する車やバイクを介して、お客さまとコミュニケーションをとっている、ということを考えながら整備をする。

たとえば、こういう故障が起きるということは、こういう乗り方をしているからではないかな、こういう乗り方をする人はどんな性格かな、そういったことをいろいろ想像してみてください。そういう視点を持つと、『そうだとしたら、こういうふうになおしたらユーザーの人に喜んでもらえるんじゃないかな』ということが考えられるようになります。

そうすると、他の人とはひと味違うコミュニケーションがとれます。**ただ壊れたところを修理するだけではなく、あなただから気づけること、あなただからできることという付加価値がつけられます。**

そして、相手から『ぜひ、またこの人になおしてほしい』と思ってもらえるようになります。ユーザーと直接オーラル・コミュニケーションをとらなくても、バイクや車を通じて対話をしていることになるのですね」

ですから**どんな業種、業界においても、「サービス精神あふれるコミュニケーション」は、必ず他者とあきらかに違う、あなたの価値となるのです。**

51

ミスマッチなことを、あえてする

自動車整備の専門学校で講演をしたという話を知人にしたところ、「えっ？なんだか意外な取り合わせだね」と言われました。

これは、私が趣味ではじめたバイクでできたご縁がきっかけでした。

四十一歳のとき、私はガンになりました。乳ガンでした。**自分にとって「死」というのはまだまだ先のことだと思っていたのが、じつは目の前に迫っていたことに気がつき、生きることへの姿勢が大きく揺さぶられました。**

ガンは手術できれいに取り除くことができたのですが、この病気がきっかけとなり、「やりたいことは先送りしていてはダメ。いまやらなくては」という意識が強烈になりました。

ＣＡを辞めることを考えたのも、病気を経たことがきっかけでした。

趣味として私がこれまで興味があったのは、バレエとかオペラとか美術鑑賞といったインドアのアーティスティックなことが圧倒的に多かったのですが、まったく異質なことに挑戦してみたくなって、バイクに乗りはじめたのです。

それからバイクというつながりで、新しいご縁もいろいろ広がりました。自動車整備の専門学校からオファーが来たのも、そのバイクのご縁です。

バイクは圧倒的に男の世界なので、女性は珍しがられて、いろいろ優しくしてもらえます。

これがもっと女性の多い世界だったら、このようなご縁が私に巡ってきたかしら、と思っています。

私の場合はたまたまバイクでしたが、**自分の世界を広げたかったら、これまで興味があった分野とはまったく異なる世界に目を向けてみることをお勧めします。**しかも異性が多い世界だと稀少価値があるので面白がられて、お付き合いの幅が一気にぐっと広がりますし、新しい自分をいろいろ発見できて楽しいと思います。

たとえば、映画『Shall We Dance?』のように、男性が社交ダンスをはじめるのもそうです。

元横綱・大乃国、芝田山親方のように、男性だけれど甘党、スイーツ男子を自認するというのもそうだと思います。親方がスイーツが大好きというミスマッチ度が、かえってみんなの関心を呼んでいるところがありますね。

52

最初から「ノー」と言って、チャンスを逃さない

これは私自身がヴィットリオさんから忠告された言葉です。

私は鶏肉があまり得意ではありません。あるとき、「焼き鳥屋さんに行かない？」と誘っていただいたときに、「私、鶏肉がダメなの。ごめんなさい」と言下にお断りしてしまったのです。

その席にヴィットリオさんもいて、あとで私にこう言ったのです。

「美津奈、最初に『ノー』と言ってしまったら、その人はもう二度とあなたを誘ってくれなくなるでしょう。せっかく誘ってくれたのだから、そのチャンスを逃すようなことをしてはいけない。気をつけたほうがいいです」

そして「よく考えてみてください。**焼き鳥屋さんには鶏肉しかないわけではないでしょう？　他のサイドメニューもいっぱいある。他のものを頼めばいいんです。『何が嫌いだからダメ』というようなことは言ってはいけません**」と教えてくれたのです。

そう言われてから、はっと思うことがありました。

知人で、フランスの貴族出身の方がいます。ベルギーに住んでいますが、その人は日本に来ると、調理人にあれこれと指図をします。「オリーブオイルはこのエキストラバージンを使ってください」とか、「味付けは塩と胡椒のみにしてください」と注文するのです。

日本料理のことを「エスニック」とおっしゃったときにはびっくりしました（笑）。日本に来てもお寿司など召し上がりません。

悪気があるわけではないのですが、ヨーロッパの貴族としてそういう環境の中で育ち、意識に完全に刷り込まれていて、そこから抜け出せないのでしょう。

一方、ヴィットリオさんは貴族の出身ではありません。むしろ子ども時代からかなり苦労をして育っているそうです。しかし**何に対してもノーと言わないマインドを持ってビジネスパーソンとして昇り詰めてきた彼は、ものの考え方が柔軟で、食の嗜好にしても「郷に入っては郷に従え」と、何でも食べてみるという主義です。**

どちらと一緒に食事をしたいかというと、やはりヴィットリオさんのほうであることは否めません。

そう考えたとき、私の「鶏肉はダメ」という言葉は、あれこれ注文をつける彼と同じような振る舞いだったと反省したのです。

以来、ちょっと苦手なものでも「いまはできないけれど、できるようになるかもしれないから行く」とか、「まだ食べたことないけれど、チャレンジしてみよう」というように考えて、なるべく「ノー」と言わないように心がけています。

そうすると、いまはできないことができるようになることや、未知のものが食べられるようになることに対して、とても楽しめるようになりました。

「ノー」を言わなくなった人生のほうが、間違いなく楽しくなります。少なくとも私は、いまのほうがずっと楽しいのです。

53

意思表示はムダなく、速く、シンプルに行う

私がトップＶＩＰの担当になって最初に接遇させていただいた海外のＶＩＰは、マーガレット・サッチャーさんでした。そのときは首相をお辞めになられた直後で、日本から講演の依頼があって来日されていました。イギリスからはブリティッシュ・エアで来られて、私は、東京―札幌の往復チャーター機に乗務しました。

とても美しい方でした。「鉄の女」の異名がありますから、最初から少し厳しそうなイメージはありましたが、あんなにきれいな方だとは思っていませんでした。透き通るような白い肌に、五月のバラを思い浮かべるようなピンクの頬、美しい栗毛色がかった金髪、日本人からするとうらやましい程の美しい方です。

しかし、目を合わせ、話がはずむ時間もほんの一瞬でした。

私がお食事の説明をさせていただいた際も、途中で「私はフルーツとサラダとチーズ、これだけで結構です」ときっぱり言われました。**自分の要るもの、要らないものの区別が非常にはっきりしていて、つねによけいなことに時間をかけないことを信条としている、という印象でした。**

私たちはホスピタリティの部分で快適にお過ごしいただきたいといろいろ考えるわけですが、ここまで簡潔にスパッと言っていただくと、あれこれする必要もなくなります。かえって小気味よいくらいでした。

秘書の女性に出す指示もシンプルで、一言で終わり、という感じです。無駄なことを省くということは、周りの人に対しても単刀直入、無駄がないということです。

仕事におけるボスという存在であれば、無駄を省いた簡潔な指示のもとに、素早い決断をしていただけると、仕事は非常にしやすいだろうな、と思いました。自分の時間を大切にしているのと同時に、相手の時間も大切にすることにつながるからです。

立場が上になるほど、意思表示がはっきりしていて迷いがない、指示が簡潔である、決断が速いといったサッチャーさん的な資質が必要になるのではないでしょうか。

54

自分の時間を大切にし、人の時間を大切にする

私は「Japan Quest Journeys（ジャパン・クエスト・ジャーニーズ）」という旅行コンサルタント会社をアメリカ人ビジネスパートナーとともに経営しています。これは、英語圏の知的富裕層に日本にもっと関心を持ってもらいたいという趣旨で設立した会社です。

海外のエグゼクティブは、朝が早いですね。五時ごろ起きて、ジョギングして、朝食を摂って、七時くらいには出社。九時ごろまでにその日のいちばん大事な仕事を片づけてしまう、といった仕事のやり方をしている方がとても多いのです。

そのぶん会社を出るのは早く、家に帰って家族とくつろいだり、着替えて芸術的イベントを見に行ったり聴きに行ったり、ゆっくりディナーを楽しみに行ったりするのです。

彼らは食事の前に一杯飲みます。同じレストランでも、食前酒は違うところで飲んで、それからダイニングに移り、食事を楽しみます。

会食なども、食後は速やかに散会。日本のように「じゃあ、この流れでもう一杯行きますか？」ということがありません。エンドレスでダラダラ飲む習慣がない。ですから私は、**海外の方々との約束は時間が読みやすくて助かります。彼らは時間の使い方に非常にメリハリが効いています。**ダラダラ過ごすことがほとんどないので、自分の時間も持てるのです。

そして、夜遅く寝ても、早起きができる人が多いような気がします。眠りが深くて短いショートスリーパーが多いのではないかと私は思っています。それは機内で寝ている人たちを見ていてもしばしば感じたことです。

日本のビジネスパーソンも以前と比べてだいぶ変わりつつあります、とはいえ、まだ時間の使い方に工夫が必要なことも事実かもしれません。

まず、朝があまり早くない。しかも、朝、活気がない。

形式的な会議や、なかなか結論の出ない打ち合わせが多い。

夜、一緒に食事に行ってから、「じゃあ、ちょっと一杯飲みに行きますか」となって、長くなる。

昔に比べると会社の飲み会や接待はずいぶん減ったといわれますが、私の目から見ると、まだ夜の時間をダラダラ過ごしているように見えます。

一緒に飲むことが日本的なコミュニケーション術のひとつになっている面もあるでしょうから、全面否定をするつもりはありませんが、**もう少し「人の時間を大切にする」という感覚も持ったほうがいいかもしれませんね。**なかなか結論の出ない会議も、遅くまで飲み明かすのも、時間感覚が希薄なせいではないかと思います。

みんな忙しいのです。

自分も忙しいかもしれないけれど、人も忙しい。**他者の時間というものをもっと尊重するようになると、仕事の時間管理ももう少し変わっていくのではないかと思います。**

55

映画の話をするなら、監督について語る

海外のエグゼクティブと会食をしていて、日本人と視点が違うなと感じるのが、たとえば映画の話をするときです。

映画を話題にするとき、日本人はたいてい役者さんの話をします。主役が誰だった、誰が格好良かった、誰がきれいだった、あの演技がどうだった、あの人は好きとか嫌いとか、そういったことを話します。

しかし**海外では、映画の話題となるとまず監督の話をします**。すぐ「その映画、監督は誰？」と聞きます。この映画はなんという監督の作品で、この監督はどういう世界観のものが得意だ、といった話で盛り上がるのです。**基本的に映画は監督のものであるという意識が強いのだと思います**。

日本で監督がどうこうという話が出るのは、映画好きな人か、よほど有名な監督だからかのどちらかです。

音楽についても、日本はソリストを非常にフィーチャーします。

また、どこのオーケストラが来るというと、それだけで喜んだりしますが、欧米ではオーケストラの話をするときも、だいたい指揮者の話をよくします。いまのボストン交響楽団は誰が振っている、ミラノのスカラ座のマエストロは誰だといったところに関心を持っていて、オーケストラと指揮者の組み合わせを含めて今回はどうだった、という話をするのです。

ですから、**海外で映画の話をするなら、必ず監督を知っておくと会話の中に入りやすくなります。他にどういう作品を観たことがあるといった話ができるようだとよりいいでしょう。**

オーケストラなら指揮者が誰かまでチェックする。そういうポイントを意識するだけで、会話の深みが違ってきます。

56

会いたい人に会うために、踏み込んでいく勇気を持つ

トップに昇っていけるだろうと思える人と、そうでない人との違いが大きく出るのが、人との出会いの活かし方、そういうときのコミュニケーションのとり方です。

仕事はできるけれど慎重すぎてなかなか行動に移せないタイプの人は、人の上に立って、人を率いていく立場にはなりにくいですね。

最近は、妙に気を遣いすぎてなかなか相手に踏み込んでいけない人が増えているように見受けられます。

たとえば、私のところに連絡をくださる方でも、「ご都合のよろしいときにお会いしたいと思います。またあらためてご都合を伺わせていただきます」というようなことをおっしゃる方がいます。

「いま都合を言ってはいけないのかしら。でもこれからいろいろ予定が入りそうだから、いま決めてもらったほうがいいんだけどな」と、もやもやっとします。そのまま待ちの態勢が続くと、「この人、本当に会いたいのかな。それともこの間は社交辞令のつもりで言っていただけなのかな」と思います。

気を遣ってくれているのでしょうが、なんだかかえってまどろっこしいことになってしまいます。

「会いたい」というのは大切なキーワードです。会いたいのか、会いたくないのか。**本当に自分がその人に興味を持ってコンタクトしたいと思うのであれば、より具体的な提案をするほうがいいのです。**

たとえば、「手前勝手ではございますが、私のほうは何日と何日と何日が空いておりますが、いかがでしょうか?」と、具体的に日にちの提案をする。「ご都合のよろしいときでけっこうですから」と言われるよりも、「何日と何日と何日、いつがいいですか」と言われたほうが、すぐ選べて気持ちがいい。少なくとも私ならそう考えます。

思ったら行動することです。

私の大切な友人で世界のセレブを魅了しているエアロコンセプトの菅野敬一さんは、とにかく意思のキャッチボールが速いのです。

「ああ、それだったら、何々さんと一緒に会いましょう。いつがいいですか。じゃあ、何日か何日ということで連絡をとってみますよ」

「はい、何日なら大丈夫だということなので、どこで何時に……」

とんとん拍子で気持ちよく話が進みます。行動力と情熱があるのです。

それにプラスして、**この人とこの人を会わせたら、何か新しいことが起こるのではないかと考えてワクワクする気持ちを持っているので、いっそう行動が速いのだと思います。**

以前は、会いたいと思うから手紙を書いたり、電話をかけたりしました。つまり、一球入魂、それが直接交渉の機会だったわけです。

しかしいまは、いつでも連絡をとろうとすればとれるようになったことで、かえって会うための覚悟ができなくなってしまった感があります。相手に対して、ぐっと踏み込んでいく勇気を出しにくくなっているような気がしています。

57

会いたい相手には、自分の「熱い温度」を届ける

成功したいなら、一流になりたいなら、積極的に人と関わるべきです。人と関わろうとせずに成功するということはあり得ないでしょう。

「会いたい」「もっと知りたい」「一緒に仕事をしてみたい」、そういうホットな気持ちを、相手に情熱として伝えることが大事なのです。

もちろん深く考えなければいけないときはありますが、チャンスの神さまは前髪しかないとよくいいます。後ろ髪はないから、出会い頭のタイミングでグッとキャッチしないと、あとからつかもうとしてもつかみそこねてしまう、と。人との出会い、関わりというのも同じで、タイミングを外してしまうと、うまくつながらなくなってしまうものです。

「時間のあるときでいいですから」などと言っていたらダメです。忙しい人には、「いつでもいいですから」と言う人と会う時間はありません。**「ぜひともお願いします」と言わなければいけないのです。**

気持ちがあるのかないのかはっきりわからないような人よりは、やっぱり情熱のある人と仕事をしたいではありませんか。

ですから、自分の熱意、意欲、熱い気持ちをしっかり相手に届けることです。

そういう相手でなければ、いざ付き合いがはじまってからも、本気で向き合って何かをやっていくことはできないと思います。

その熱量、温度、パワーを持っている人が人脈を増やし、自分の世界を広げて、いい循環に入っていけるのです。

Part

V

一流の人は、タフで陽気で楽しみ上手

How to Distinguish First-class Persons from Others

58

一流の人は、仕事に熱く、人に対して温かい

身内の話で恐縮ですが、私の夫は元Ｈｏｎｄａワークスライダーで、現在は日本テレビ「ＭｏｔｏＧＰ」の解説者である宮城光です。「喜びを持って仕事に取り組み、愛を持って人と接する」をモットーとしています。

夫の仕事への取り組み方は、本当に情熱的です。バイクが好きでたまらないというのもあるのでしょうが、解説などをやるために、膨大な資料を読み込んで勉強するといった陰の努力を惜しまない。また人との接し方が、温かくて愛情深い。自身のモットーに忠実に生きているように思えます。仕事に対してとても熱いのです。とにかくその仕事をするのが楽しいと思っている。

みんながみんな、夫のように若い頃からやりたかったことをやっているわけではないと思うのですが、**一流の人は、皆さん自分に課せられたことに喜びを持って仕事をされています。**

見た目は地味な感じで、それまであまり口数の多くなかったビジネスパーソンの方でも、お仕事の話に触れると一気に目が輝き出して、すごく饒舌に語ってくれたりします。「あっ、この人、本当に仕事が好きなんだな」と思ったりします。情熱があって、ワクワクしてやっているのだと思います。

一流の人は、いまとは別の仕事をしていたとしても、やっぱり情熱的に仕事に取り組んで、そこでも抜きん出た存在となり一流になっていることでしょう。

こんな仕事くだらない、つまらないと言いながら、いやいややって大成した人なんていません。嫌いだけどしがみついているという人は、たぶんどこに行っても、何をやっても二流、三流止まりです。

いまやっていることを楽しめなければダメだと思いますね。

仕事ですから当然、楽しくルンルンするようなことばかりではないわけですが、仕事に熱く取り組めている人というのは、課題もトラブルも楽しめてしまうものです。

これは、私もそういうところがあったので、よくわかります。お客さまからのクレームも、突発的アクシデントも、あまり苦痛ではありませんでした。

「これは、自分をより成長させるために神さまが与えてくれたチャレンジチャンスなんだ。さあ、この状況を自分はどう乗り越えようか」と前向きに捉えていま

した。

たぶん、そういうのも、仕事のやりがいにつながるのです。

自分が楽しめていると、人を怒鳴りつけようなどとは思いません。きちんとやらなければならないことができていないことを指摘して、注意したり叱ったりするのと、自分の虫の居所が悪くて人を怒鳴りつけるのとは、まったく別のことです。

叱るという行為は、相手にもっとよくなってほしいという愛があるからやるのです。

何か失敗をしたときに「いいよ、いいよ。気にしないで」と言うのは、本当の優しさではありません。次にまた同じ失敗をしないようにするための助言をする、それが温かさ、優しさだと私は思います。

一流の人は、そういう愛を持って人に接しているのです。

59

反省しても後悔はしない

私は、「やって反省することはあっても、やらない後悔はしないようにしよう」と思っています。この先どうなるかわからないけれど、「あのとき、ああしておけばよかった」という後悔はしたくないのです。

以前から、そういう考え方をしていましたが、ガンになったことでよりいっそう強く感じるようになりました。「いまを生きる」ということをすごく意識するようになり、**やりたいと思うことを先延ばしにせずに「いま、やろう」とするようになったのです。**

それまでは、もっと漠然とした考え方の中で生きていた気がします。CAという仕事は好きでしたから、できるところまでやり、たぶんその後も定年までANAで働くだろうな、と思っていました。

しかしガンになって、命というのは年齢に関係ないんだ、順番で自分の番が来るわけではないんだと実感して、死という問題がこんなに現実的に訪れるものだということを意識するようになったのです。

療養中に、これからの人生をいままで以上に具体的に考えました。これからの人生、いままでできなかったことに挑戦してみよう。

でも、そのまま辞めてしまうのは、なんだか病気に負けてしまうようで納得できませんでした。

自分の積み上げてきたものがすべてリセットされて、再び一からのスタートになってしまうけれども、**いったん復職して、その中で自分にできることを最大限まっとうして、元の役職まで戻ってから辞めることにしたい。そういう思いも「やらない後悔をしたくない」気持ちがあったからです。**いまの自分のクオリティーを納得いくところまで上げたかったのです。

そして悔いのないようにCAの仕事をやりきって、二年半後に退職しました。

自分にとっての未来というのがいつまであるのかわかりません。とはいえ、そのことをやたらに不安がって、心配ばかりしているのもナンセンスです。明日のことはわからないからこそ、やりたいこと、やるべきことはいまやらなければいけないのです。

60

結局、自分が満足するか、しないか

起業して、成功して、お金儲けができて、若くして億万長者になる人もいます。それは一流なのでしょうか。一流と呼べる人もいるし、まったく呼べない人もいます。

企業の社長がみんな一流かといえば、そうとはいえません。人間性としてどうかな、と思う人もいます。

トップという地位を得て、社会的にも影響力を持って、財産もたくさんある、そういう人を一般的に「人生の成功者」と呼んだりしますが、はたしてその人が一流かどうかはわかりません。

一流大学を出て、一流企業に入っても、一流になれるとは限りません。

たしかに一流企業の社員にはなれますが、一流の会社員になれるかどうかはその人次第です。それに一流企業という評判も、いつ何が起きて失墜してしまうかわからない危(あや)ういものです。

大切なのは、そういう表層的な部分ではなくて、自分自身の満足度だと思います。

自分はいまこれをやることができていて、満足しているのか。本当の意味の成功も、やりがいも、自分の心の中にしかない。自分が「満足だ」と思わなければ、その状況に納得することはできません。

お金を儲けることに価値を置いている人は、「ああ、これでもう満足だ」となることはそうそうないと思います。うなるほどお金を持っていても、まだ「もっと欲しい。もっとあれば何ができる」と考えてしまう。そこに満たされた気持ちはないわけです。

自分のやりたいことがお金儲けに結びつかなくても、「これがやれてよかったなあ。おかげで充実した毎日が過ごせている」と満足して生きている人はたくさんいます。

エグゼクティブになれたからやりがいを感じるのか。これもポジションにこだわりのある人の場合、「どうせなら社長になりたい」「社長の任期をもっと長く務めたい」、あるいは「もっと大きな会社の社長になりたい」「たくさんの企業を経営したい」と際限なく欲が湧いてきてしまうと、現状への満足は感じられません。

同じエグゼクティブという立場でも、「やりがいのあるこの仕事ができていて嬉しいなあ」と思える人は、いまの自分に納得することができます。

いまに満足できている人のほうが幸せだと思います。

不平不満が口から出る人は無理している人です。無理している人は、心に余裕がないので、人に対する要求も厳しい。人に対して必要以上に期待するから、いろいろ頭に来てしまうのです。

いまの自分に満足しているとは、自分の分を知っているということです。等身大の自分で生きている。自分の力量もわきまえているので、過度な期待を自分に持っていません。だから、不満も持たない。人に対しても、必要以上のものを要求しないから、腹の立つこともない。できなければできないという事実を粛々と受けとめる、そんな感じでしょうか。

どんな仕事でも、自分が満足してやれたら、そこにやりがいが感じられます。掃除だって究(きわ)めようと思ったら、工夫するところ、効率を考えるところ、どうしたら喜ばれるようにできるかといった思いがどんどん出てきて、たいへんやりがいがあります。

満足というのは、自分の心の持ち方次第なのです。

61

孤独に耐えられる人だけが、自分のモノサシを持つ

他人の価値観ではなく、自分自身の中に軸を持って、自分を見つめる、これも一流の人の大事な条件のひとつです。

他人の意向、他人の価値観に合わせるのではなくて、自分と向き合う。人の意見を聞かないのではなくて、人に流されて自分を見失ってしまわないということです。

たとえば、これは恥ずべき行為なのか、そうでないのか。やるべきなのか、やらないでおくべきなのか。これは成功なのか、成功ではないのか、といったことを考える際、他の人の考え方を参考にするのはいいのですが、**最終的な価値判断は自分の基準でする。**そういうモノサシを自分の中にきちんと持っているのが、一流の人だと思います。

それには、孤独に耐えられることが必要になります。

誰かに依存して、つねに一緒にいないと落ち着かない、つねにつながっていないと不安になるというのではなく、ひとりに慣れる。

人間は基本的に孤独なもの、ひとりなんだということを受け入れる。それができなければ、一流にはなり得ません。

それは、一匹狼的に周囲の人と交わらないということとは違います。

普段は周囲とのコミュニケーションをよくして、親しくしていいわけですが、誰かに頼りきったり、甘えたりするのではなく、人間同士として対等にしかるべき距離をとって付き合う。バランスが大事なのです。

一流が一流でいるためには、ひとりになることは必ず必要な時間だと思います。

62

「小我」で収まらず、「大我」を目指す

一流を目指す若い人たちにぜひ伝えたいのが、「小我」ではなく、「大我」で生きてくださいということです。

小我とは読んで字のごとく、小さい我、小さい自分という意味です。評価されたい、認めてほしい、嫌われたくないといった自分自身の欲と保身ばかりを考えていることです。

そうではなく、つねに大きい我、という意識で考える。我見（がけん）、我執（がしゅう）を離れた大きな心の持ちようのことです。

人間ができた人は、私利私欲で生きていません。考え方、生き方が、個に閉じこもっていないのです。**自分がこれをやることにはどういう意味や目的があるかということを、社会全体の枠の中で考えているのです。**

自分は嫌われたり、非難されたり、ことによったら干されたりするかもしれない。けれども大義のためにはこれでいいんだと、大局で物事を受けとめて動ける。**将来のためとか、日本全体のため、世界のため、といった大きいスパンで考える。**

小さい我で収まらず、目指すは「大我」という心意気を持ってください。

こういうことのできる人を「徳」のある人というのだと思います。仕事の「できる」人であり、人間の「できた」人だからこそ、それができるのです。そういう人こそ、正真正銘の一流だと思います。

緒方貞子さんは、「大我」の人だと思います。普通の人と見ているところが違います。女性の場合は、結婚、出産、子育てと仕事をどう両立しようかと悩むことが多いのですが、緒方さんは、女は人生が長いんだから、長い目で考えようという姿勢で、本格的に仕事にのめり込むようになったのは、子育てを終えた四十歳過ぎからでした。これだけでもスケールの大きさを感じます。

そして国連難民高等弁務官事務所のトップを十年以上にわたって務め、難民を救うため、世界中を駆け回った。本当に小柄で華奢（きゃしゃ）なおからだのいったいどこにそんなパワーがあるのかしら、と思うほどなのですが、まぎれもなく「大我」で生きてこられた方です。

また、iPS細胞でノーベル賞の医学・生理学賞を受賞された京都大学の山中伸弥教授も、やはり「大我」の人といえるのではないかと思います。

山中教授は、目先の評価ではなく、もっと先の将来、iPS細胞の利用で世の中がよくなることを考えておられます。

自分が評価されたいとか名声を得たいというような自分の利益のことは考えていらっしゃらない。多くの頭脳を使って、早く実用化させたいという思いがあり、大義のために情熱を持って動いている。

臨床医としての研修時代にはその手腕はまだ開花しておらず、先輩たちから「お前はほんまに邪魔や。ジャマナカや」などと言われたことがあったそうです。しかしその挫折経験が、臨床から研究へと道を変えるきっかけになったというのですから、人生は面白いものです。

発言にもユーモアがあって、人のハートをキャッチしますし、気配りのセンスも感じられます。

研究だけやっているひょろひょろっとしたタイプではなくて、スポーツマンで、からだに無駄な肉がついていません。

魅力的であることも、一流の人の大切な条件です。研究への寄付を呼びかけるためにマラソンをされたりして、日本人のチャリティーに対する意識改革にも一石を投じられており、まさに日本が誇れる当代の一流だと思います。

63

誰かに喜んでいただくということを大切にする

新幹線の車内清掃をする人々が「お掃除の天使たち」と呼ばれて話題になりました。

チームを組んで、わずか七分間で車内清掃をてきぱきとパーフェクトにこなしてしまう人々です。新幹線がホームに入ってくると丁寧なお辞儀で出迎え、清掃が済むと乗車待ちのお客さまに「お待たせいたしました」と声をかけて去っていく。日本ならではの素晴らしいサービスに、海外からも視察団が来るほどです。

この方々は、車内清掃という自分の仕事に誇りを持ち、やりがいを持っていると思います。

誰かに喜んでほしいという気持ちがあると、どんな仕事にも誇りが持てます。

誇りと自信を持ち、やりがいを感じて社会に貢献できるということは、おもてなしの国、日本において大切な一流の条件ではないでしょうか。

グローバル化が叫ばれて久しいですが、日本人は自分たちのことを卑下しすぎる、もっと自信を持つべきだ、ということがよくいわれます。必要以上に卑下するのはどうかと私も思いますが、日本の「謙譲」という伝統は、おもてなしの精神と深いところで結びついていると私は考えています。それは、よその国では真似したくてもできない文化なのです。

誰かに喜んでいただきたいという気持ちをもっと大事にしましょう。

そうすると、いまやっていることに対して、もっと前向きになれます。

お金がたくさん手に入ったとか、地位や名誉を手に入れたとか、そんなことは一過性のものです。それよりは、つねに自分には好奇心がある。何かやりたいことがある、チャレンジしたいことがある。毎日がワクワク楽しいというのが、本当の成功者だと思います。

成功というと、何かを達成することのようなイメージがありますが、いまを生きること以上に達成感の感じられることはありません。今日の自分が昨日の自分を超える。そうやって人は成長していくのです。

一流の方はいまの仕事を楽しんでいます。自分に与えられたことに対して真摯（しんし）にかつ楽しみながら取り組んでいます。あまり浮気心はないようです。他の人の畑をうらやましがったりしない。

自分がいまいる場所がいちばんいいんだと思って、楽しんで生きているのです。

私は、一流とは「本物」と言い換えられるのではないかと思っています。

著者紹介

里岡美津奈（さとおか　みつな）

24年間ＡＮＡ国内線、国際線のチーフパーサーとして、またその内の15年間は（現在の）天皇皇后両陛下、上皇上皇后両陛下、英国元首相マーガレット・サッチャーを始めとする各国の国家元首のＶＩＰ特別機の担当として活躍。24年間のＣＡ業務、また現在の仕事においても一貫してこだわっていることは、「高いクオリティー」。常に客観性をもち、心身の管理を含めて質の高い接遇を行うよう心がけている。その中でも特に強みとなっているのは、「さりげない気配りと素早い対応」、そして、人種、年齢など多様性の中での円滑なコミュニケーションである。

2010年のＡＮＡ退職後は、それまでの経験を生かし、企業や病院で人財育成のコンサルタントとして「コミュニケーションの素晴らしい世界」を提案。企業や医療法人で人財開発顧問。また個人のクライアント向けに“パーソナルクオリティーコンサルタント”として個人の持つ能力、魅力を様々な分野において遺憾無く発揮できる人財育成を行っている。

主な著書に、『幸せをつかむ女と逃す女の習慣』（明日香出版社）、『いつもご機嫌な女でいるためのちょっとしたコツ』（主婦と生活社）、『ファーストクラスのすごい成功習慣』（ＰＨＰ研究所）など、多数ある。

本書は、2014年１月にＰＨＰ研究所より刊行された『一流になれる人、なれない人の見分け方』を改題し、加筆・修正したものです。

ＰＨＰ文庫　伝説のトップCAが明かす
一流になれる人の小さな習慣

2020年３月26日　第１版第１刷

著　者　里岡美津奈
発行者　後藤淳一
発行所　株式会社ＰＨＰ研究所
東京本部　〒135-8137　江東区豊洲5-6-52
ＰＨＰ文庫出版部　☎03-3520-9617(編集)
普及部　☎03-3520-9630(販売)
京都本部　〒601-8411　京都市南区西九条北ノ内町11

PHP INTERFACE　https://www.php.co.jp/

組　版　株式会社PHPエディターズ・グループ
印刷所　株式会社光邦
製本所　東京美術紙工協業組合

ISBN978-4-569-90010-0

PHP文庫

世界史・10の「都市」の物語

出口治明 著

文化、宗教、経済、政治、戦争……世界を牽引してきた「都市」の素顔の中に息づく歴史を知ることで、文明の歴史も理解できる一冊。

PHP文庫

世界のエリートが学んでいる教養としての哲学

小川仁志 著

世界で活躍する人は、なぜ哲学を学ぶのか？ 歴史・思考法・読んでおきたい名著など、ビジネスマンの武器になる哲学の基礎を一冊で網羅！

PHP文庫

ムダなことなどひとつもない

酒井雄哉 著

一日を一生だと思って生きれば、何があっても心は崩れない——千日回峯行を二度満行した稀世の行者が、歩いてつかんだ「人生の知恵」。

PHP文庫

一流の想像力

仕事の感性が磨かれる56のヒント

高野 登 著

一流と二流の差は、想像力の違いにあった！ 時代や職種に関係なく結果を出す人になる「想像力の鍛え方」を、数々の実話を元に紹介！

PHP文庫

スティーブ・ジョブズ名語録

人生に革命を起こす96の言葉

桑原晃弥　著

「我慢さえできれば、うまくいったのも同然なのだ」など、アップル社のカリスマ創業者が語る〝危機をチャンスに変える〟珠玉の名言集。